Christin Henkel

Achtsam Scheitern

WIE ICH DIE ERDE RETTEN UND DABEI GUT DUFTEN WOLLTE

Eulenspiegel Verlag

INHALT

SCHÖNE NEUE ÖKOWELT

Achtsam am Arsch ...

»Wir brauchen das Auto eigentlich gar nicht mehr«, erklärt Mona stolz und streichelt dabei verträumt über den Lenker ihres funkelnagelneuen Lastenfahrrads, mit dem sie bald die kleine Mathilda und den Benedict-Hector vom Hatha-Yoga für Neugeborene abholen kann. Gerade eben hat sie mit ihrem neuen SUV mit Pedalen versehentlich einen E-Roller und zwei Passanten umgenietet, aber das ist nicht so schlimm - immerhin sollen die Fahrradwege im Stadtzentrum bald Lastenradmutti-tauglich erweitert werden. Nach oben und unten ist ja noch massig Platz. Es dauert ungefähr eine halbe Stunde, bis sie das Monstrum vorm Bahnhof mit sieben Sicherheitsschlössern abgesperrt hat. Den Einwand ihres Mannes, sie blockiere damit eine Feuerwehrzufahrt, hat sie dabei gekonnt ignoriert.

Auch Gatte Manuel verzichtet seit kurzem auf seinen PKW. Obendrein hat er, trotz Tätigkeit im deutschlandweiten Vertrieb einer veganen Hundefutterfirma, all seine Inlandsflüge gestrichen und reist fortan ausschließlich mit der Bahn. Mit einer ordentlichen Portion Glück im Reisegepäck geht das genauso schnell, und er bekommt sogar manchmal einen Sitzplatz.

Unser alter Freund Denis lässt sich gar nicht mehr in der Innenstadt blicken. Er hockt jetzt im brandenburgischen Outback und hantiert im eigenen Garten. Einen Großteil seiner Lebensmittel baut er selbst an. Slow Food und so. Ständig schwärmt er uns von der Ruhe und der malerischen Landschaft vor und endet jedes Mal mit einem ausgedehnten »Ihr müsst uuunbedingt vorbeikommen. Es ist traumhaft hier!«

Mona und Manuel hatte er sofort angefixt. Seitdem sie mit den Zwillingen schwanger sind, suchen sie aktiv nach einem Ort, an dem ihre beiden Bio-Bälger optimal gedeihen können. Ihnen schwant, dass die Drei-Zimmer-Wohnung im Prenzlauer Berg bald ausgedient hat. Mich hingegen machte die ganze Promotion für Denis' neuen Lebensmittelpunkt von Anfang an skeptisch. Wenn es da wirklich sooo toll ist, wieso muss man es dann explizit betonen? Das ist wie mit der kleinen Pummelfee, die jedem ungefragt erzählt, wie viel Sport sie treibt. Und warum zur Hölle weiß niemand von diesem paradiesischen Naherholungsgebiet?! Noch nie habe ich Leute sagen hören: »Also, das Karwendelgebirge, naja ... Aber die Lausitz, Leute! Die Lausitz! Einfach wow!« Aber ich lasse mich gern eines Besseren belehren. Und nun verlassen Mona, Manuel und ich mit nur dreiundzwanzig Minuten Verspätung den Ostbahnhof, um Demeter-Denis einen Besuch abzustatten.

Die Entschleunigung beginnt bereits in der Regionalbahn. Keine Ahnung, wie der Tourismusverband der Region das retten will, aber ein Abenteuer ist die Fahrt im Lausitz-Express nicht gerade: Wald - Feld - Wald - Feld - Kuhkaff - wieder Wald - noch ein Feld, und das alles über eine Stunde lang und komplett ohne LTE. Das mit dem Breitbandausbau lohnt sich wahrscheinlich nicht, weil die wenigen Ortsansässigen das Internet gar nicht kennen.

Aber malerisch ist die Landschaft wirklich. Das muss man ihr lassen: hier ein Feld, da ein Baum, noch schnell ein paar Regenwolken - zack! Fertig gemalt. Da hat der Künstler nicht viel Arbeit.

»Meine Lieben, schaut mal! Er wartet schon auf uns!«, unterbricht Mona meine Gedanken, als der Zug in den Bahnhof unserer brandenburgischen Zielmetropole einfährt. Tatsächlich - da steht unser kordhosentragender Ex-Berliner winkend an Gleis 1 (es gibt nur eins), um seine Gäste in Empfang zu nehmen.

»Hier, probiert mal!«, ruft er uns noch vorm ersten Hallo aufgeregt zu: »Das ist Brunnenkresse, frisch geerntet. Kann man prima an den Salat machen.« Sein breites Grinsen verrät, dass Brunnenkresse außerdem super in den Zahnzwischenräumen hängen bleibt. Wir umarmen ihn und freuen uns, dass die alte Gang nach langer Zeit wieder vereint ist. Die Brunnenkresse schmeckt interessant. Ein echt guter

Tipp, falls ich mir einmal ein Kaninchen zulegen sollte. »Noch ein kurzer Fußmarsch, dann sind wir da«, erklärt Denis, der neuerdings ein kleines bisschen nach Kompost riecht, und wir folgen ihm auf einer verlassenen Straße in Richtung Gartenidyll. Vierzig Minuten später stapfen wir immer noch querfeldein. Er muss ziemlich viel von seiner Kresse geraucht haben, wenn er tatsächlich glaubt, dass er nah an Berlin wohnt. Mona ist bereits in siebten Monat und kommt richtig ins Schwitzen, aber glücklicherweise erreichen wir das Ziel noch vor Einbruch der Dunkelheit und vorm Einsetzen der Spontangeburt.

Das alte Bauernhaus steht am Rande einer winzigen Ortschaft. Der verwilderte Garten ist riesig und zwischen den urigen Obstbäumen quietscht leise eine Hollywoodschaukel. Es ist wirklich schön hier, das muss ich zugeben.

»Hier, probier mal!«, ruft Denis schon wieder und hält mir dieses Mal einen bis zur Unkenntlichkeit verschrumpelten Apfel unter die Nase. »Das ist der Holsteiner Cox, frisch geerntet. Da sind alle möglichen Vitamine drin. Superfood aus der Region sozusagen.«

»Alles klar! Dachte schon, das wäre Sonya Kraus ohne Make-up«, versuche ich der kulinarischen Belästigung mit einem kleinen Scherz entgegenzutreten. Doch Denis' Dackelblick verrät mir, dass ich um die Verkostung des runzligen Teils nicht drumherumkommen werde. Hoffentlich zwingt er mich nicht, einen Beutel voll davon mit nach Hause zu nehmen.

»Mmmmh«, raunt uns Mona genüsslich entgegen. Ihr schmecken die Teile offensichtlich köstlich. Sie hat es sich auf der Hollywoodschaukel gemütlich gemacht, knabbert sich tapfer durch ihr Äpfelchen und setzt zu einem mahnenden Vortrag darüber an, was der unachtsame Verzehr eines Lebensmittels, das NICHT BIO ist, für riesige Schäden bei Embryonen anrichten kann. Das könne sie mit ihrem Gewissen absolut nicht vereinbaren. »Mal ganz ehrlich, meine Lieben - wozu bekommt man denn Kinder, wenn man sie dann vergiftet?!« Eine starke Ansage, wenn man bedenkt, dass sich Mona in den ersten drei Jahren ihrer Karriere bei einer namhaften Werbeagentur ausschließlich von Koks, Prosecco und Reisnudeln ernährt hat.

»Hier! Probiert mal!« Denis drapiert jetzt stolz vier Schnapsgläser auf dem Gartentisch. »Yeah, Alkohol!«, glucke ich in freudiger Erwartung eines kleinen nachmittäglichen Damenschwipses. »Das sind frische Ingwer-Kurkuma-Shots«, werde ich sofort berichtigt. »Hab ich selbst gemacht. Man muss doch nicht immer Alkohol trinken!«

Mona und Manuel sehen das genauso. Sie schauen mich leicht vorwurfsvoll feat. mitleidig an. »Schon okay«, gebe ich klein bei und proste meinen Freunden brav mit der non-alkoholischen Ingwermischung zu.

»Boah, ist das scharf!« Reflexartig ziehe ich meine Wasserflasche aus dem Rucksack und trinke einen großen Schluck, um dem Brennen in meinem Rachen entgegenzuwirken.

»Kraaaass!«, ruft Denis fassungslos in die Runde. »Du kaufst noch Plastikflaschen? Das hätte ich echt nicht von dir gedacht.«

»Kaufe ich ja normalerweise auch nicht«, verteidige ich mich sofort, »aber ich habe meine Glasflasche zu Hause vergessen, am Bahnhof gab es nichts anderes, und ich hatte echt riesigen Durst!« Auch Mona und Manuel sind schockiert: »Meine Liebe, warum hast du uns nicht einfach gefragt? Wir haben doch eine Trinkflasche dabei!« Ich bin genervt. Die tun ja gerade so, als sei die Verschmutzung der Weltmeere allein meine Schuld. Dass ich normalerweise keine Plastikflaschen kaufe, ist die Wahrheit, und mich aus Monas und Manuels Mehrweg-Equipment zu bedienen, kann man mir wirklich nicht zumuten. Egal ob Trinkflasche oder Brotdose: Seitdem die beiden all ihre Lebensmittel im Unverpacktladen beziehen, müffelt es im Deuter-Rucksack ganz gewaltig. Mein Mund hat absolut keine Ambitionen, sich deren Trinkflasche auf mehr als zwei Meter zu nähern. »Ach, und was ich dir vorhin schon erzählen wollte, meine Liebe«, fährt Mona fort, »den Rucksack, den du trägst, gibt es jetzt von diesem neuen Fair Fashion Brand auch aus veganem Leder.«

»Also aus Kunstleder?«, hake ich nach.

»Nein, meine Liebe! Aus veganem Leder!«

»Also aus Kunstleder!«

»Nein! Aus VEGANEM!«

Das wird mir echt zu doof. Zeit, das Gespräch in eine andere Richtung zu lenken: »Habt ihr eigentlich mal was von Anni gehört?« Nur mit ihr wäre die alte Clique vollständig. Den Großteil unserer Zwanziger haben wir gemeinsam im Rudel verbracht. Aber auch für Denis, Mona und Manuel ist unsere gemeinsame Freundin wie vom Erdboden verschluckt. Seitdem im letzten Sommer Life-Coach feat. Tantra-Lehrer Torben in ihr Leben getreten ist, hat sich alles verändert. Zur anfänglichen Euphorie über die heilenden Kräfte ihres neuen Zauselfreddis gesellte sich schnell ein schaler, polyamouröser Beigeschmack. Tantra-Torben ist mehrgleisig unterwegs – und das aus Überzeugung. Schließlich muss er doch so viele Damen wie möglich mit seinem güldenen Chakra und dem neuen Slow-Sex-Trend beglücken. Alles andere wäre egoistisch. Und Anni, die hoffnungslose Monogamistin, sei natürlich egoistisch und »noch nicht so weit«, wenn sie nachts in ihr Kirschkernkopfkissen heult, weil Torben sich zeitgleich beim Tantra-Festival in Schweden auf irgendeinem Liebeshaufen tummelt.

Vor ein paar Monaten habe ich Klartext geredet. Ich habe Anni gesagt, dass der Tantra-Typ ein emotional verkümmerter Vollpfosten ist, der sie unter dem Deckmantel der Erleuchtung geringschätzig behandelt. Das hat Anni dann Torben erzählt, und Torben hat Anni dann wiederum erklärt, dass ich eine schlimme Energieräuberin sei und sie sich dringend von mir lösen müsse. Und weg war sie. Sie war meine beste Freundin.

»Meine Liebe! Gib ihr ein bisschen Zeit. Sie will sich weiterentwickeln, auf eine neue Ebene kommen. Das ist doch gut.« Mona redet mit mir wie mit einem fünfjährigen Kind. Ohnehin scheint mich hier keiner wirklich für voll zu nehmen. Ich habe irgendwie den Anschluss verpasst.

Achtsamkeit, Meditation, Slow Food, Slow Sex, Zero Waste – das alles ist eine verdammt gute Sache und eine durch und durch positive Entwicklung unserer Zeit. Aber wieso muss der neue Trend gleich sektenhaft praktiziert werden, wie es viele tun? Man kann nicht dreißig Jahre lang täglich seinen »Zott«-Joghurt aus dem Plastikbecher löffeln und dann von einem auf den anderen Tag fuchsig werden, nur weil ein unachtsamer Mitmensch die Naturjoghurtmischung nicht brav aus dem Glas schnabuliert.

»Ich glaube, ich pack's demnächst mal. Vielleicht gehe ich heute Abend noch was trinken«, sage ich in Vorfreude auf meinen baldigen Aufbruch.

»Aber es ist doch grad so schön hier, meine Liebe!«, ruft Mona. »Die Ruhe, die Natur, unser Beisammensein … Sei doch nicht immer so gehetzt. Wir sind gerade erst zwei Stunden hier. Genieße doch einfach die Zeit! Zeit ist das Kostbarste, was wir haben.«

»Vielleicht sollte sie ein Seminar von dir besuchen«, wirft Manuel verschmitzt ein und tätschelt Monas geschwollene Knie. Sie grinst ihn geheimnisvoll an.

»Was für ein Seminar?«, frage ich nach.

»Alsooo …« Mona macht es spannend. »Ich habe in der Werbeagentur gekündigt und mache jetzt eine Ausbildung zum Achtsamkeits-Coach. So kann ich mich selbst verwirklichen und anderen Menschen helfen, bewusster zu leben.«

Oha. Beim Wort »Coach« stellen sich bei mir direkt die Nackenhaare auf. Außerdem kann ich mir Mona einfach nicht dabei vorstellen, wie sie umringt von semi-verzweifelten Muttis andächtig auf einer Klangschale rumgongt und tief ein- und ausatmet. Es ist doch erst knapp ein Jahr her, dass sie auf einer griechischen Partyinsel vier Tage durchgemacht, ein fremdes Boot zu Schrott gefahren und dem Besitzer dann entschuldigend ihre Möpse gezeigt hat. Da wehte noch ein ganz anderer Wind durch ihren Lifestyle. Und jetzt hat sie sich urplötzlich um 180 Grad gedreht? Ich kaufe ihr das einfach nicht ab.

»Was lernt man denn in deinem Seminar?«, will ich es genau wissen.

»Das kann ich dir sagen, meine Liebe! Man lernt, mehr im Moment zu leben und wertschätzend mit sich selbst und der Natur umzugehen. Viele wissen ja gar nicht, was Achtsamkeit überhaupt bedeutet. Es bedeutet, wach zu bleiben und zu wissen, was du gerade machst. Man spürt ganz tief in sich und den Moment hinein.«

Klingt simpel. Ich setze das Gesagte sofort um und begebe mich ganz bewusst in den Moment. Augenblicklich befällt mich eine Spontandepression: Gerade in diesem Moment sitze ich nämlich fernab der Zivilisation in irgendeinem Garten, und meine drei Freunde, die sich im Zuge ihres neuen Lebenswandels einen seltsamen Körpergeruch angeeignet haben, binden mir halb gare esoterische Weisheiten ans Bein - und das auch noch stocknüchtern. Soll ich mich jetzt tatsächlich noch tiefer in die Situation hineinbegeben, oder kann die weg?

Ich entscheide mich für das Vogel-Strauß-Prinzip und verabschiede mich. Mona und Manuel bleiben noch.

»Eine gute Rückfahrt! Und ein bisschen mehr Achtsamkeit, meine Liebe«, ruft mir die schwangere Coaching Queen säuselnd hinterher.

»Achtsam am Arsch«, entgegne ich frech, werfe meinen Eso-Hipstern ein versöhnliches Grinsen zu und begebe mich auf den Rückweg.

Boah, wohnt der weit weg vom Schuss. Es dauert ewig, bis ich den Bahnhof erreiche. Der Weg ist voller Schlaglöcher, in meinem Kopf dreht sich alles. Haben meine Freunde recht? Bin ich wirklich zu unachtsam mit mir und meiner Umwelt? Musste die

Plastikflasche heute wirklich sein? Gibt es nicht zahlreiche Gewohnheiten, die ich in meinen Alltag integrieren kann, um bewusster zu leben?

Ich fasse einen Entschluss: In den kommenden Wochen soll sich mein Leben von Grund auf verändern. Weniger Waste, mehr Meditation. Was die können, kann ich auch. Und obendrein werde ich beweisen, dass es sehr wohl möglich ist, die Erde zu retten und dabei gut zu duften.

Kurz bevor ich in den Regio einsteige, höre ich meinen abgehetzten Freund Denis laut rufen: »Warte! Ich hab noch was für dich!« Er rennt auf mich zu, und bevor die Türen schließen, drückt er mir eine Tüte voll mit schrumpligem Fallobst in die Hand. »Hier! Für dich! Selbst geerntet. Ganz köstlich«, japst er. Ich sage lieb Danke und küsse ihn auf die Wange. Es liegt mir fern, die Gefühle eines jungen, ambitionierten Biobauern zu verletzen.

Der Zug fährt endlich los, und meine Äpfel und ich freuen uns wie verrückt auf die laute, wuselige Großstadt.

Tipp 1: *Wenn dich deine Eso-Hipster-Freunde in ein idyllisches, altes Bauernhaus ins WUNDERWUNDER-SCHÖNE Brandenburg einladen - sei schlau! Fahr lieber ins Karwendel.*

Tipp 2: *Ein einfacher Tipp zur Müllvermeidung im Alltag ist die Verwendung einer hübschen Mehrwegtrinkflasche,* die du jederzeit mit Leitungswasser wieder auffüllen kannst. Solltest du diese Trinkflasche einmal im Bus vergessen haben, vor dir liegt noch ein weiter Fußmarsch, es sind 35 Grad im Schatten, und der einzige Kiosk weit und breit hat keine Glasflaschen im Angebot – dann ist der Kauf einer Plastikflasche absolut in Ordnung.

GREEN LIFESTYLE FRÜHER VS. GREEN LIFESTYLE HEUTE

Zur falschen Zeit am falschen Ort

Die Landschaft zieht an mir vorbei. Ich lasse die Lausitz hinter mir und verbuche den Ausflug auf den posturbanen Hipster-Bauernhof als nette Erfahrung, die man nicht unbedingt wiederholen muss. Es ist mir nach wie vor schleierhaft, wie Leute, nur weil sie jetzt irgendwas mit dreißig sind, plötzlich »Juhu« schreien, wenn irgendwo ein Baum steht, an dem etwas Essbares hängt. Alle sehnen sich nach Ruhe und vielen, vielen Einweckgläsern, die mit unbehandelten Köstlichkeiten aus dem eigenen Bestand befüllt werden wollen. Die Öko-Kiste ist nicht mehr gut genug. Der Inhalt muss aus dem eigenen Garten stammen.

Einige machen auch vor einer hauseigenen Getreidemühle nicht halt, um sich fortan den Gang zum Bäcker zu sparen und obendrein die persönliche Insta-Story mit einem »einfachen« Brötchenrezept und einem fetzigen Dinkel-Bumerang zu füttern. Wer richtig kreativ ist, sucht sich draußen noch ein paar neckische Zweige, drapiert sie in einer schlichten

Vase und stellt seinen Kindern Naturfarben aus Zwiebelschalen und roter Beete zur Verfügung, damit sich die kleinen Racker an der Ostereierfront mal so richtig austoben können und den Eltern beim Content über #daseinfacheleben ein bisschen unter die Arme greifen. Zum Dank ernten sie zahlreiche lobende Kommentare von anderen Öko-Neulingen, die auch Kinder und Eier zu Hause haben. Als »ganz fantastische Idee« und »zauberschöne Naturdeko« werden die bräunlichen Dinger dann von der Community betitelt. Maßlos übertrieben, wenn man bedenkt, dass dies die Beschreibung für ein paar völlig unspektakuläre Hühnereier ist. Mich kann man mit dem In-Szene-Setzen von Grundnahrungsmitteln auf jeden Fall nicht hinterm Ofen vorlocken.

Ein Strauch mit Himbeeren, ein Bund frische Petersilie oder ein Kartoffelbeet ist doch nichts Aufregendes, sondern ganz alltäglich. Im Gegensatz zum Großteil der Lifestyle-Umweltschützer wurde ich auch nicht urplötzlich von der Tatsache überrascht, dass wir mit überflüssigen Verpackungsmaterialien den Planeten zumüllen, und mir ist wahrlich nicht neu, dass Upcycling und Tauschgeschäfte eine umweltfreundliche Alternative zur westlichen Konsumgeilheit sind. Diese Grundregeln einer nachhaltigen Lebensweise sind mir seit über dreißig Jahren geläufig. Dafür haben meine Eltern gesorgt.

Es begann 1989. Kaum war die Mauer gefallen, schon versuchten sich Mutti und Vati in der Rettung der Erde. Es gab immer was zu tun: Die Autobahn musste verhindert, die Kröten über die Straße getragen und die Einwegverpackung vermieden werden. Sie waren die allerersten Ökos auf weiter Flur, und die Flur war wirklich verdammt weit, weil wir aus einem klitzekleinen Kaff in Thüringen stammen. Hätte man meinen Oldies ein Handy gegeben, einen Instagram-Kanal eingerichtet und sie in die heutige Zeit gebeamt, wären sie mit Sicherheit Greenfluencer des Jahres geworden. Louisa Dellert und ihre Haarbürste hätten alt ausgesehen. Chapeau vor dieser Weitsicht.

Aber leider war die Gesellschaft damals noch nicht sensibilisiert dafür, und Ökö sein auf dem Land war in erster Linie eins: sehr, sehr peinlich! Man dachte sofort an Jesuslatschenträger, die ihre lange, ungepflegte Mähne mit Eidotter waschen und kratzige Pullover tragen. Was soll ich sagen? Diese Beschreibung war zutreffend. T-Shirts mit niedlichen Micky-Maus-Motiven oder der pinkfarbene Badewasserzusatz mit Sprudel sind nur zwei der vielen Kindheitsfreuden, die mir verwehrt blieben. Zwar hatte ich früh verstanden, dass man bewusst mit seiner Umwelt umgehen muss, war täglich im Wald und liebte Tiere und Pflanzen, aber ich hätte eben auch mal gern eine Capri-Sonne getrunken.

Sehnsuchtsvoll blickte ich in den Hofpausen auf das Trinkpäckchen und den Kinder Maxi King des Banknachbarn, während ich in mein leberwurstbeschmiertes Graubrot biss, das immer nach Boskop schmeckte, da es die ersten drei Schulstunden dicht an dicht mit zwei bräunlichen Apfelschnitzen in einer kleinen, muffligen Brotdose verbringen musste. Überhaupt wusste ich nie so recht, ob ich gerade in den Apfel oder ins Brot biss, denn die Leberwurst hatte auch auf dem heimischen Obstsnack ihre Spuren hinterlassen. Es war deprimierend. Wenn alle Kinder glückselig die Schokoladenmilch aus dem Tetrapack schlürften, musste ich den selbst gemachten naturtrüben Apfelsaft (mit Betonung auf trüb) aus einer uralten Trinkflasche süffeln. Niemals verirrte sich eine Bifi oder gar ein Überraschungsei in meinen beigen Lederschulranzen der Marke Waschbär. Mein Flehen nach Naschereien dieser Art wurde stets mit dem Satz »So einen Plastikmüll kaufen wir nicht!« abgelehnt. Da diese Phrase zu Hause als Universalantwort auf quasi alle meine Wünsche erwidert wurde, haben es auch Barbies Traumhaus, der Einkaufspalast von Polly Pocket oder das niedliche Sticker-Album mit den Glitzeraufklebern nie in mein Kinderzimmer hinein geschafft.

Neben dem Plastikmüllargument gab es einen zweiten Evergreen: »Das kann man doch auch selber machen!« Meinen Eltern war es ernst damit. Anstelle zweier anständiger Fußballtore streuten wir Linien aus Sägespänen, Barbies Wohnmobil durfte ich aus Pappkarton nachbauen, und anstatt der obligatorischen Benjamin-Blümchen-Geburtstagstorte bekam ich einen selbst gebackenen Hefezopf mit sieben Bienenwachskerzen oben drauf. Es gab absolut nichts, was nicht selbst hergestellt oder selbst gebastelt werden konnte. Hierbei galt: Alles, was glänzt und glitzert, ist der Feind, Naturtöne sind viel schöner. Leuchtende Farben waren meinen Eltern ein Graus, da diese in der Natur so nicht vorkommen (zumindest nicht in Thüringen). Einmal präsentierte ich ihnen vorwurfsvoll meine Lieblingsseite im Tui-Reisekatalog, auf der Meerwasser in schillerndem Türkisblau abgebildet war. Diese Darstellung wurde von den Oldies als Fake News abgetan, und man verwies mich auf die matschgrüne Plörre der heimischen Werra. Ich blieb skeptisch und schlug vor, den nächsten Familienurlaub in der Karibik zu verbringen, damit wir uns von der Intensität der Farbe selbst überzeugen konnten. Noch heute höre ich meine Eltern laut lachen. Natürlich fuhren wir an die Mecklenburgische Seenplatte, so wie jedes Jahr. Dort gab es einen urigen Zeltplatz, und mein Vater hatte obendrein einen Forschungsauftrag, der irgendetwas mit Fledermäusen zu tun hatte. Verdammt spannend für eine Siebenjährige, die Prinzessin werden will. Wie gern hätte ich damals über die modernen Möglichkeiten der Bildbearbeitung verfügt, um meinen Sommerurlaub in der Postproduktion etwas aufzupeppen. Mit den deutschen Tümpeln konnte ich meinen Mitschülern wenig imponieren. Diese verbrachten ihre Ferien längst in Italien oder Griechenland, während wir mit der Bummelbahn durch den Osten tuckerten. Dafür hätte es die Wende wirklich nicht gebraucht.

Meinen Schulkameraden war inzwischen aufgefallen, dass es bei uns »etwas anders« zuging. Kopfschüttelnd rümpften die Glitzermädchen ihre Nase, wenn ich auf Anraten meiner Mutter mal wieder etwas selbst Gemachtes aus Naturmaterialien in den Unterricht mitbrachte. Eines Nachmittags geschah etwas sehr Schönes. Ein Glitzermädchen wollte nach der Schule mit zu mir nach Hause zum Spielen kommen. Das war in der Woche, als alle anderen Kinder die Windpocken hatten. Es lief richtig gut. Wir inspizierten den Garten, und meine neue Freundin interessierte sich brennend für die Frösche in unserem Teich. Sie wollte unbedingt einen küssen, weil sie den restlichen Nachmittag lieber mit einem Prinzen als mit mir verbracht hätte, aber blöderweise schrie sie jedes Mal laut auf, wenn ich einen fing, um ihn aus nächster Nähe zu präsentieren. Die Sache mit dem schönen Königssohn hatte sich also schnell erledigt.

Das eigentliche Desaster begann, als wir unser Haus betraten. Meine Eltern hielten nichts von vorgefertigten Dekoartikeln aus dem Baumarkt. Sie verzierten unseren Flur stattdessen mit Tierpräparaten aller Art. Jeder tote Vogel, den sie fanden, musste ausgestopft und aufs Regal gestellt werden. Das

Gleiche galt für Säugetiere, also wurde man beim Eintreten von diversen Uhus, Spechten, Blaumeisen, zwei Füchsen, drei Wieseln und einer fünfköpfigen Dachsfamilie begrüßt. Ich bin heute noch froh, dass meine Eltern nie einen toten Bären gefunden haben. Unseren morbiden Zoo hätte das Glitzermädchen vielleicht noch verkraftet. Der größte Schock durchfuhr sie erst, als wir das Wohnzimmer betraten:

»Habt ihr gar keinen Fernseher?« Ihr hübsches Gesicht hatte das letzte bisschen Farbe verloren, und sie starrte mit offenem Mund auf den Platz gegenüber des Sofas. Anstelle einer Flimmerkiste stand dort eine ausgestopfte Wildkatze. Ich wusste nicht, wie ich angemessen reagieren sollte. Mir graute ja schon vor jedem Montagmorgen, an dem sich die Schulkameraden angeregt über die Mini-Playback-Show austauschten und ich nicht mitreden konnte.

»Klar haben wir einen Fernseher!«, flötete uns meine Mutter aus dem Flur entgegen, die das Gespräch offenbar belauscht hatte. Ich ahnte, was jetzt folgen würde. Schon stand Mutti bei uns im Wohnzimmer, rückte die Wildkatze beiseite und stellte einen braunen Pappkarton mit aufgemalten Knöpfen und einer ausgeschnittenen, viereckigen Öffnung auf die Kommode.

»Macht es euch bequem! Wir haben ganz viele verschiedene Sender!«

Das Glitzermädchen blieb wie angewurzelt stehen, während meine Mutter stolz eine Reihe aneinander geklebter Bilder durch den Monitor zog, um die einzelnen Programme zu präsentierten.

»Auf ARD läuft ein toller Tierfilm und – tadaaa! – auf ZDF eine Dokumentation über bedrohte Pflanzen.« Auf den dazugehörigen Bildern waren zwei Tiger abgebildet und Blumen, die traurig ihre Köpfe hängen ließen. In einer der oberen Ecken standen die Buchstaben der dazugehörigen Sender. Natürlich nur der öffentlich-rechtlichen. Dass nicht mal unser Papp-Fernseher RTL hatte, versteht sich von selbst.

»Und schaut mal hier«, Mutti zog die Rolle ein Stück weiter, »in den Nachrichten wird über die hohe Luftverschmutzung berichtet!« Sie nutzte diesen Aufhänger, um einen ausführlichen Vortrag über Treibhausgase und das Ozonloch zu halten, bis sie ein weiteres Mal »den Sender wechselte«, auf dem (große Überraschung!) schon wieder ein Tierfilm lief. Spätestens jetzt fiel auf, wie einseitig das Fernsehprogramm unseres Pappkartons war. Tiere, Pflanzen, Umweltschutz – und weit und breit kein Disney.

»Was ist denn deine Lieblingssendung?«, bezog meine Mutter nun auch das Glitzermädchen mit ein. Die Kleine hatte immer noch die Sprache verloren, und es dauerte ein Weilchen, bis sie ein leises »Die Gummibärenbande« hervorbrachte.

»Die Gummibärenbande, aha.« Meine Mutter schien enttäuscht. Sie hatte auf eine pädagogisch wertvollere Antwort à la »Als die Tiere den Wald verließen« gehofft. Das war die einzige Kindersendung, die mir meine Eltern erlaubten, wenn ich bei Oma und Opa zu Besuch war. Ich hätte viel lieber etwas Schönes mit Ariel oder einem Märchenschloss geschaut, aber ich war nicht wählerisch. Hauptsache in die Röhre glotzen.

»Na gut!« Meine Mutter hatte eine Idee. »Dann hole ich euch jetzt mal ein paar schöne Buntstifte und ein paar Blätter, und ihr könnt eine ganz tolle Folge dieser Gummitiersendung zeichnen!«

Zwei Minuten später lag ein Stapel umweltfreundliches Papier und eine Federmappe mit unbehandelten Buntstiften auf dem Tisch. Ich hatte Hoffnung, denn ich wusste, wie gern das Glitzermädchen bastelte.

»Da ist ja schon was drauf!«, warf meine Beinahe-Freundin ein und deutete auf die Blätter, deren Rückseite bereits mit dem Slogan »Stoppt die Thüringer-Wald-Autobahn!« bedruckt waren.

»Die kann man doch noch verwenden!«, bediente sich meine Mutter an den Top 3 ihrer Lieblingssätze und legte meinem Besuch eine unbedruckte Vorderseite vor die Nase. Wir legten los, aber schon nach wenigen Minuten wurde dem Glitzermädchen sichtbar langweilig.

»Habt ihr was zu naschen?«, fragte sie zögerlich und erzählte, dass ihre Mutti immer eine Schale mit Schokobons und Mäusespeck bereitstellte, wenn andere Kinder zu Besuch kamen. Jetzt blieb mir der

Mund offen stehen. Dort musste es wie im Schlaraf-fenland zugehen. Meine Mutter wollte Schritt halten und überraschte uns mit einem Teller leckerer, selbst getrockneter Apfelringe, die so zäh waren, dass man sie lutschen anstatt beißen musste. »Hihi! Fast wie Gummibärchen«, feixte sie und wies meinen ah-nungslosen Besuch darauf hin, dass Schokobons wirklich unmöglich sind, weil jedes Bonbon einzeln verpackt ist. Abschließend wurde ihr Vortrag mit dem obligatorischen »So einen Plastikmüll kaufen wir nicht!« beendet.

Die Kleine schaute verunsichert drein und malte weiter lustlos auf dem Recycling-Papier herum. »Die Farben sehen alle so komisch aus auf dem grauen Blatt«, bemerkte sie und fragte, ob wir Sticker zum Verzieren hätten. »So einen Plastikmüll kaufen wir nicht«, sagte meine Mutter schon wieder, »aber ihr könnt draußen im Garten ein paar schöne Blätter sammeln und aufkleben.« Damit war der Bogen eindeutig überspannt. Das Glitzermädchen suchte bereits nach einer Exit-Strategie:

»Ähm ... Ich muss jetzt nach Hause, ich darf heute noch Super RTL gucken«, sagte sie und schnappte sich ihren pinken Anorak. »Schade«, sagte ich geknickt. »Schade«, hörte ich auch meine Mom sagen, »ihr könnt doch hier schauen!« Doch auch der letzte verzweifelte Versuch, unserem Gast das Recycling-TV schmackhaft zu machen, schei-terte. Für den Rest meiner Grundschulzeit hatte ich nie wieder Besuch. Ich hatte zweifellos den besten ökologischen Fußabdruck aller unter Zehnjährigen, aber Freunde wären mir wirklich lieber gewesen.

Mein Handy klingelt. Das überrascht mich, immerhin befinde ich mich noch in der Brandenburgischen Countryside. »Lübben, Baby! Wir haben sogar Empfang!«, könnte der Slogan der Kleinstadt lauten, die ich gerade mit dem Regio durchquere. Eine WhatsApp-Nachricht hat mich erreicht. Mutti und Vati haben ein Bild gesendet. Mein Dad hält ziemlich stolz und breit grinsend einen Apfel in die Kamera. Im Hintergrund grinsen die ausgestopften Tiere. »Frisch geerntet! Morgen gibt es selbst gemachten Apfelstrudel. Willst du vorbeikommen?«, lautet der dazugehörige Text. Ich speichere das Foto im Ordner mit den anderen fünfzehntausend Bildern ab, auf denen meine Eltern Obst und Gemüse in die Kamera halten, und tippe eine Antwort: »Würde ich gern, aber ich muss morgen um zwölf Uhr zurück in München sein.«

Wirklich schade. Ich hätte die beiden gern besucht und einen Zwischenstopp in der alten Heimat eingelegt. Das mit den nicht vorhandenen Barbies und der geplatzten Karibikreise habe ich längst überwunden. Meine Eltern waren ihrer Zeit einfach nur voraus. Wäre ich im letzten Jahrzehnt im Prenzlauer Berg aufgewachsen, hätte ich es mit Sicherheit in die Top 10 der beliebtesten Kinder im

Kiez geschafft. Wir hätten gemeinsam mit unseren ungeschminkten Mamis natürliche Aromaöle hergestellt, in der Waldorfschule hätte ich alle mit meinem Wissen über Flora und Fauna vom Holzhocker gehauen und das DIY zum Recycling-Fernseher wäre auf YouTube in die Trends geschossen. Längst hat sich das Bewusstsein der Gesellschaft zum Positiven gewandelt, und die Glitzermädchen haben die Vorherrschaft verloren, zumindest in den Akademikerhaushalten deutscher Großstädte. Jetzt sind die Montessori-Mathildas an der Macht. Das wäre meine Zeit gewesen.

Ich suche mir den schrumpligsten aller Äpfel aus Denis' Jutebeutel und schicke meinen Eltern ein Selfie. »Selbst geerntet«, schreibe ich drunter. »Ach nee, doch nich'!«

Tipp 1: *Du hast eigene Kinder? Setze Prioritäten! Was ist dir wichtiger?*
a) Die Rettung der Erde
b) Eine Schulzeit ohne Mobbing

Tipp 2: *Solltest du dich für a) entschieden haben: Nicht nur den Fernseher, auch das iPad Pro 11 kannst du super aus einer alten Pappschachtel selbst herstellen. Jetzt noch schnell die unbehandelten Buntstifte rausholen und ein paar Bilder von den Teletubbies und Peppa Wutz malen – schwups! Fertig ist YouTube Kids.*

AUSMISTEN MIT
MARIE KONDO
Ich finde Chaos voll in Ordnung

Bevor meine Freunde Mona und Manuel ein Paar wurden, wohnten sie bereits zusammen. Von 2010 bis zur ersten dicken Gehaltserhöhung teilten sie sich gemeinsam mit Denis eine WG in Berlin-Friedrichshain. Die drei zu besuchen war mir jedes Mal eine große Freude, denn allein der Zutritt in die Wohnung war die reinste Abenteuerreise. Vor der Tür tummelten sich unzählige Paar Schuhe: ein wilder Mix aus den Sneakers der Bewohner und einem Potpourri vergessener Latschen von Freunden und Unbekannten, die die letzte Hausparty im Delirium nackt oder unbesohlt (oder beides) verlassen hatten. Man musste sich erst eine kleine Schneise frei treten, um zur Tür zu gelangen, die sich nur einen Spalt öffnen ließ, da sie von zahlreichen Pfandflaschen umstellt war.

»Wollt ihr die nicht mal wegbringen?«, fragte ich eines Abends zögerlich, als wir die Wohnung gar nicht mehr betreten konnten und unser Bier im Hausflur konsumieren mussten.

»Ist unsere Altersvorsorge!«, erwiderten meine Freunde schelmisch, und so tranken wir auf der

Treppe zum Dachboden, bis wir genug Leergut für ein paar weitere Lebenstage zusammen hatten.

Auch im Inneren der illustren Behausung gab es immer etwas zu entdecken. Ein sehr, sehr trübes Aquarium im Flur zum Beispiel. Es wurde unermüdlich behauptet, dass darin Fische lebten, obgleich man diese nie zu Gesicht bekam.

»Die sind nur in den frühen Morgenstunden aktiv. Das ist typisch für Fische. Übernachte doch mal bei mir, dann kannst du dich selbst überzeugen«, hatte mir Denis geheimnisvoll erklärt. Doch auch das In-aussichtstellen einer seltenen Naturbeobachtung konnte mich damals nicht dazu bewegen, die Nacht mit ihm zu verbringen. Ich wusste, dass schon viele Damen vor mir »die Fische beobachtet hatten«, und wollte nicht Teil der Gruppe der Zoobesucherinnen mit gewissen Vorzügen werden.

Auch tagsüber hatte die Wohnung meiner Freunde fantastische Naturschauspiele zu bieten. Man musste einfach nur den Schrank unter der Spüle öffnen. Darin befanden sich einige Zwiebeln, die über die Jahre in Vergessenheit geraten waren. Hoch wucherten die Keime der Knolle gen Himmel, und ihr süßsaurer Duft durchströmte die anliegenden Zimmer. Ob das die Brutstätte für Denis' grünen Daumen gewesen ist?

Berge von Geschirr, Stapel aus Schallplatten und unbeantwortetem Papierkram, ein Kratzbaum für die seit Jahren verstorbene WG-Minka und unzählige herumliegende Kleidungsstücke gehörten zum Wohlfühlambiente der zwanghaft hedonistischen Mittzwanziger. Warum auch nicht! Wir waren jung, und es galt der Satz: »Wer eine aufgeräumte Wohnung hat, hat kein Leben.«

Irgendetwas muss in den vergangenen Jahren passiert sein, denn beim letzten Besuch, den ich Mona und Manuel im Frühjahr abstattete, verschlug es mir die Sprache. In freudiger Erwartung auf ihren Nachwuchs hatten die beiden eine Drei-Zimmer-Dachgeschosswohnung in der Belforter Straße im Kollwitzkiez bezogen und zur traditionellen Einweihungsparty geladen. Vermutlich die letzte Station, bevor ernsthaft über ein Haus im Grünen nachgedacht wurde. Das war mir die Reise von München nach Berlin absolut wert. Es war ihr inzwischen dritter Umzug innerhalb der Stadt, und die Festlichkeiten zum Einzug waren seit jeher berüchtigt.

Bei den letzten Partys wurden die Flohmarkt-Möbel aus dem Fenster geschmissen, damit man Platz zum dancen hatte, die coolsten Kiez-Hipster waren zu Gast, und irgendein Typ pinkelte jedes Mal in Monas Ikea-Palme, die sich über all die Jahre hervorragender Gesundheit erfreute. Der Abend konnte nur gut werden.

Doch schon beim Betreten des Hauseingangs wurde ich skeptisch. Alles war ruhig. Keine laute Musik, kein grölender Manuel, kein Mucks weit und breit. Vielleicht hatte ich mich in der Adresse vertan.

»Willst du auch zur Party?«, fragte ein harmloses Pärchen, das kurz nach mir den Eingang betrat und mich schon in den ersten zwei Sekunden zu Tode langweilte. Er trug eine fetzige Funktionsjacke und sie eine Salatschüssel.

»Das ist Guacamole. Selbst gemacht. Ganz köstlich«, promotete sie ihr Mitbringsel. »Das ist Hugo vom Aldi. Selbst gekauft. Mega lecker«, promotete ich meins. Meine Freunde und ich waren immer große Fans dieses exquisiten Getränks gewesen, sie würden sich darüber sicher sehr freuen.

Wir betraten den Aufzug und fuhren nach oben. Da die Sache mit den Gastgeschenken inzwischen geklärt war, hatten wir uns nichts mehr zu sagen. Das Weibchen beäugte mich argwöhnisch. Warum Pärchen-Frauen jeder anderen Dame, die grad keinen Schatzi im Schlepptau hat, misstrauisch gegenüberstehen, werde ich nie kapieren. Befürchtete sie wirklich, ich könnte ihr den heißen Windjackenträger ausspannen? Das war eine echte Beleidigung. Ich warf ihrem Schatzi ein umwerfendes Lächeln zu, nur so, um sie ein bisschen aus der Reserve zu locken, dann öffnete sich die Fahrstuhltür, und wir standen direkt in der Wohnung.

Ich war baff. Die Bude war beinahe komplett leer, dabei lag der Umzug Wochen zurück. Mein erster Blick konnte nur ein Sideboard im Skandi-Look, ein helles Ecksofa und drei weitere, offenbar trächtige Paare erhaschen, von denen man nicht sicher sagen konnte, ob nun das Weibchen oder das Männchen schwanger war. In der Ecke entdeckte ich einen in die Jahre gekommenen DJ, der gediegene Lounge-Musik auflegte. Das musste DJ Jondal von Klassik Radio sein.

»Meine Liebe! Kannst du die Schuhe bitte ausziehen?«, rief Mona panisch und kam auf mich zu gerannt.

»Hi erst mal, und herzlichen Glückwunsch zur neuen Wohnung und zum Nachwuchs und so«, begrüßte ich meine Freundin und umarmte sie fest.

Nun gesellte sich auch Manuel zu uns. In der Hand hielt er ein Rotweinglas. »Heeeyyyy! Schön, dass du da bist. Sag mal, könntest du bitte deine Schuhe ausziehen?«

Widerstand war zwecklos. Ich schlüpfte aus meinen Turnschuhen und drückte den beiden strahlend mein Geschenk in die Hand.

Mona schaute irritiert: »Meine Liebe, du weißt schon, dass ich schwanger bin, oder?«

»Klar, aber Manuel doch nicht! Außerdem: Was Mutti und Vati jahrelang gutgetan hat, kann den Babys doch nicht schaden.«

Beide schwiegen. Verdammt. Ich hatte mal wieder vergessen, dass es nichts Humorloseres gibt als werdende feat. frisch gebackene Eltern. Zu meinem persönlichen Ärger wurde der Guacamole meiner Hausflurbekanntschaft viel mehr Aufmerksamkeit zuteil.

»Ach, ihr Lieben! Wie lecker! Ich pack die gleich mal zu den anderen Naschereien«, schwärmte Mona und watschelte samt Schüssel in Richtung offene Küche.

Auch diese machte einen ganz und gar unbewohnten Eindruck. Das sorgfältig angerichtete Fingerfood wirkte künstlich, und ich hatte große Angst, mich daran zu bedienen, da ich auf keinen Fall kleckern und das blitzsaubere Setting zerstören wollte.

»Bereit für eine Führung, meine Lieben?« Mona schnappte das Avocado-Pärchen und mich und geleitete uns durch die neue Behausung. Jeder weitere Raum sorgte für noch mehr Verwirrung. Im Schlafzimmer befand sich rein gar nichts außer einem cremefarbenen Boxspringbett und einem weißen Einbauschrank. Weit und breit kein Krimskrams, nicht mal ein herumliegender Schlüppi.

»Tadaaa!« Mona öffnete die Schranktür. »Manu und ich haben das perfekte Ordnungssystem ausgetüftelt. Wir kriegen hier so viel unter, meine Lieben, das glaubt ihr nicht!«

Im Inneren des Wandschranks waren Kleidungsstücke nach Farbe, Form und Größe sortiert. Es glich dem Inhalt der Pax-Musterversion aus dem Ikea-Katalog.

»Wow!« Die Avocados waren aus dem Häuschen. Sie wollten wissen, ob Mona die Kleidungsstücke auch nach der Konmari-Methode gefaltet habe. Ich verstand nur Bahnhof. Dann ging es weiter ins Bad.

Regendusche, Natursteinboden - auch hier wirkte alles recht ansprechend, aber leer. Außer zwei Bambuszahnbürsten, einer Seife und einer kleinen Kommode konnte ich nichts entdecken.

»Wo sind denn eure ganzen Sachen? Duschgel und Shampoo und so«, hakte ich nach.

»Meine Liebe, wir haben alles, was wir brauchen«, betonte Mona und hielt mir das einzige Seifenstück des Hauses unter die Nase. »Riech mal! Ist selbst gemacht. Die kann man zum Körpereinseifen, zum Händewaschen und sogar als Shampoo benutzen. Manu und ich nehmen die beide.«

»Wow!«, schleimten die Avocados schon wieder, machten bedeutungsvolle Geräusche mit ihren Riechorganen und erzählten, dass auch sie seit einer Weile stolze Besitzer eines gemeinsamen Allround-Produktes sind.

»Und was ist mit Conditioner?«, blieb ich skeptisch.

Mona setzte zu einer Belehrung an:

»Conditioner braucht man überhaupt nicht, meine Liebe. Große Kosmetikkonzerne reden uns das seit Jahren ein, damit wir überflüssige Produkte kaufen.«

Komischer Sinneswandel. Sie war es doch, die im Frankreich-Urlaub vor vier Jahren eine große Umhängetasche dabeigehabt hatte, die ausschließlich mit Kosmetika gefüllt war.

Während ich ihr zuhörte und mir dabei ihre glanzlose Frise besah, kam mir der Gedanke, dass

Conditioner kein überflüssiges, sondern vielmehr ein dringend notweniges Produkt war. Aber in Berlin hatte man es mit dem glänzenden Fell noch nie so ernst genommen, da war ich einfach zu sehr München, was die Mähne anging. Jetzt war das Kinderzimmer an der Reihe. Hier standen zwei Bettchen für die Zwillinge, eine schlichte Wickelkommode und ein riesiger Sessel mit einer schicken Stehlampe daneben.

»Meine Lieben, das ist meine Stillecke«, erklärte Mona stolz, als ich mich testweise in den Lehnstuhl fläzte.

»Echt gemütlich hier. Ich stille die Babys gern auch mal, wenn ich zu Besuch bin«, witzelte ich. Mona und das Avocado-Weibchen schüttelten den Kopf. Ach ja, humorfreie Zone – schon wieder vergessen.

»Wo habt ihr die coole Lampe her? Die hätte ich auch gern«, wollte ich wissen, und meine Freundin schickte mir einen Link über WhatsApp.

Wir bestaunten noch die hübsche Dachterrasse und gesellten uns anschließend wieder zu DJ »Bisschen älter« ins Wohnzimmer.

»Rotwein?«, fragte Manuel und drückte mir ein Glas in die Hand. Viel lieber hätte ich den Aldi-Hugo getrunken, aber ich wollte kein weiteres Mal unangenehm auffallen. Die Gespräche um mich herum drehten sich um Geburtsvorbereitungskurse, Bonding und dänische Immobilienmakler. In Kombination mit den einschläfernden Beats des alternden Disc-jockeys eine fatale Mischung. Es war mit Abstand die langweiligste Party, die ich je besucht hatte.

Ich tippte eine SMS an Denis: »Hey! Wo bleibst du? Nur schwangere Paare hier. Mir ist laaangwei-lig!«

Keine Antwort. Na toll. Zur Zeitüberbrückung checkte ich den Link, den mir Mona gesendet hatte. Vielleicht verhalf mir dieser überflüssige Ausflug in die Hauptstadt wenigstens zu einer hübschen, neuen Beleuchtung. *Foscarini Stehlampe – Kaufpreis: 2814 €.*

Ungläubig zoomte ich ran. Da stand es nun ganz groß. Ich hatte mich nicht verlesen. Meine Freunde hatten sich für knapp 3000 Euro eine Kinderzimmer-lampe gekauft. Im Kopf addierte ich den monetären Wert all meiner Möbel, die ich bisher besaß, zusam-men, ohne am Ende auf den Betrag des Designer-stücks zu kommen. Mussten die beiden etwa deshalb an ihren Kosmetikprodukten sparen? Hatte Mona da-rum kein eigenes Shampoo mehr? Fragen über Fragen. Ich beschloss, mich mit der Vintage-Leuchte vom Dachboden meiner Oma zu begnügen und weiterhin in Haut- und Haarpflege zu investieren.

Endlich erreichte mich Denis' Antwort:

»Ach meine Süße, ich wäre so gern bei euch, aber heute ist Neumond und ich werde einiges einpflan-zen, damit hier bald alles sprießt …«

»Ist das sexuell gemeint?«, hakte ich nach. Das konnte doch unmöglich sein Ernst sein. Als Antwort kamen nur drei Fragezeichen zurück und wenig später die obligatorische »Ihr müsst mich uuunbedingt besuchen kommen, es ist traumhaft hier!«-Aufforderung. Der Abend war offiziell gelaufen.

Mona setzte sich neben mich und streichelte mir aufmunternd den Rücken.

»Na, meine Liebe? Was beschäftigt dich? Du grübelst die ganze Zeit vor dich hin.«

»Hier sieht es ganz anders aus, als ich erwartet hatte. So, als wäre das überhaupt nicht eure Wohnung.«

»Naja, wir sind bald zu viert, da war es wirklich an der Zeit, etwas zu verändern. Wir haben den alten Ballast abgeworfen und fühlen uns jetzt viel wohler.«

»Aber ihr hattet doch so coole Sachen. Der blaue Küchentisch oder die hübsche Kommode vom Sperrmüll und deine Palme und so. Wo ist das alles?«

»Wir haben achtsam Tschüss gesagt und uns von den alten Dingen gelöst. Ordnung machen ist unheimlich befreiend. Du solltest das auch ausprobieren!«

Sie verschwand und tauchte kurze Zeit später mit einem Buch wieder auf:

Marie Kondo: Magic Cleaning. Wie richtiges Aufräumen Ihr Leben verändert.

»Das kannst du dir borgen, meine Liebe. Danach bist du ein ganz neuer Mensch.«

»Danke«, sagte ich, nippte brav an meinem Rotweinglas und verbrachte noch ein, zwei Stunden mit

Höflichkeits-Smalltalk über frühkindliche Entwicklung und plastikfreies Einkaufen. An diesem Abend vermisste ich meine Zwanziger so sehr, dass ich am liebsten laut geheult hätte.

Auf der Rückfahrt im ICE las ich in dem Schmöker, den mir Mona geliehen hatte. Würde sich nach einer magischen Aufräumaktion etwa auch mein Leben verändern? Und wenn ja, dann zum Positiven? Ich hoffte, dass dem Buch ein Zauberstab beiliegen würde, denn aufräumen zählte nicht unbedingt zu meinen Lieblingsbeschäftigungen. Bisher war ich ein Fan der gepflegten Unordnung. Die ein oder andere »schlimme Ecke« meiner Wohnung bereitete mir große Freude, weil es dort längst vergessene Schätze zu entdecken gab. Mit glänzenden Augen erinnerte ich mich an einen Spontanfund, bei dem es sich um meine ersten Inlineskates aus dem Jahr 1995 handelte. Ich hatte eigentlich nach einem Pürierstab gefahndet und war bei der Suche auf meine alten Rollschuhe gestoßen. Das Küchengerät ist bis heute verschollen. Dafür drehe ich regelmäßig meine Runden im Englischen Garten und erfreue mich der warmen Abendsonne und des Lebens. Alles richtig gemacht.

Marie Kondo weiß im Gegensatz zu mir immer ganz genau, wo ihr Pürierstab zu finden ist, und die ollen Inliner hätte sie längst aussortiert, nachdem sie ihnen wertschätzend für die gemeinsame Zeit gedankt und sich würdevoll verabschiedet hätte. Sie glaubt, dass ein erfülltes, geordnetes Innenleben immer mit einer Ordnung im Äußeren einhergeht. Darum wird bei ihr auf 224 Seiten ausgemistet, sortiert und gefaltet, was das Zeug hält, ganz ohne spontane Rollschuhrunde.

Bei meiner Internet-Recherche ging mir auf, dass ich die letzte Person sein musste, die dem Ordnungswahn noch nicht verfallen war. YouTube war voll von Videos, in denen junge und mittelalte Menschen ihre Buden nach Kondos Methode entrümpelten. Wer zu doof war, seinen Kleiderschrank in Eigenregie auf Vordermann zu bringen, konnte sich dafür sogar einen Coach engagieren. Wahnsinn! Es gab tatsächlich Leute, die gegen Bezahlung beim Ordnungmachen halfen. Als ich diese Perlen unter den Tutorials ansah, stellte sich mir die immer gleiche Frage: Warum zur Hölle war Aufräumen plötzlich cool? Und warum so drastisch? Hätte es in Monas und Manus beispielhaftem Fall nicht gereicht, die neunhundert Pfandflaschen wegzubringen, die alten, geliebten Möbel hübsch in Szene zu setzen und einmal feucht durchzuwischen? Musste es gleich der totale Neustart sein?

Dann stieß ich auf einen Clip der Königin Kondo persönlich, und urplötzlich war es um mich geschehen. Die bildschöne Japanerin mit der umwerfend sympathischen Art erklärte, wie sie ihren Kleiderschrank organisierte, und ich fand, dass dies eines der interessantesten Videos war, das ich je gesehen hatte. Der Hype hatte mich gepackt. Ich wollte nur noch eins: aufräumen, aufräumen, aufräumen! Und zwar alles. Während ich in Gedanken Pläne für mein neues, minimalistisches Leben schmiedete, setzte ich meine Recherche fort. Jetzt war ich endgültig baff. Die Autorin war Jahrgang 1984, genau wie ich. Sie war sogar nur zwei Tage älter. Warum bloß sah sie zwanzig Jahre jünger aus als meine nicht mehr ganz so taufrische Wenigkeit? Kriegt man vom vielen Aufräumen etwa auch schöne Haut? Magic Cleaning fürs Gesicht? Das war noch ein Grund mehr, direkt nach meiner Ankunft mit dem Entrümpeln zu beginnen.

Stunden später erreichte ich meine Wohnung. Der ICE hatte mal wieder einige Überraschungen in Sachen Signalstörung bereitgehalten. Als ich die Tür öffnete, schämte ich mich ein bisschen. Hier sah es gar nicht kondoesk aus. Im Flur stapelten sich die Anziehsachen auf einem undefinierbaren Haufen, der Fußboden war flächendeckend mit Orchesternoten bedeckt, auf dem Klavier stand eine angebrochene Flasche Hugo, und mein Lieblingsbikini hing über dem Mikrofonständer. Ich ließ das Stillleben eine kurze Zeit auf mich wirken und spürte, wie ein wohlig warmes Daheimgefühl in mir aufstieg. Es war unordentlich, aber immerhin sauber. Ich bahnte mir einen Weg zum Piano, gönnte mir einen großen Schluck Aldi-Sprudel, der auch ohne Kohlensäure exzellent schmeckte, und spielte drauf los. Bei den leidenschaftlichen Passagen schaukelte der baumelnde Bikini sanft hin und her. Strand-Feeling in den eigenen vier Wänden – es war verdammt schön in meinem geliebten Zuhause. Ich fand mein Chaos voll in Ordnung. Das Ausmisten verschob ich auf das bevorstehende Wochenende.

Tipp 1: *Aufräumen ist verdammt cool – vor allem, wenn man viel Tagesfreizeit, keine Freunde und keine Hobbys hat.*

Tipp 2: *Nein, deine Wohnung wird nicht gemütlicher, indem du sie einrichtest wie eine Zahnarztpraxis für Privatpatienten.*

ZERO WASTE IM
BADEZIMMER
Du riechst so schön nach
Apfelessig

Das »bevorstehende Wochenende«, an dem ich unbedingt ausmisten wollte, steht immer noch bevor. Vier Monate sind vergangen, und meine Kondosche Lebenssanierung hat bisher nicht stattgefunden. Ich habe beschlossen, vorerst ordentlich nach der Konmari-Methode zu prokrastinieren und mich wichtigeren Dingen zu widmen: plastikfrei leben zum Beispiel. Das steht ganz oben auf meiner Liste. Als leidenschaftliche, wenn auch gleichermaßen dilettantische Hobby-Surferin bekomme ich jedes Mal Weltschmerz, wenn ich auf der Suche nach der perfekten Welle (ich muss oft ziemlich lange danach suchen, weil ich wirklich schlecht surfe) erst an zehn Plastiktüten und fünf Trinkbechern vorbeipaddeln muss. Ich bin deshalb sehr daran interessiert, dass diese Tüten und Becher nicht von mir stammen.

Dank meiner klimaneutralen Erziehung habe ich die Nase schon ziemlich weit vorn, was die Müllvermeidung angeht. Mein bevorzugtes Getränk, neben Hugo vom Aldi, ist Leitungswasser, das ich (fast) immer brav aus einer wiederverwendbaren Trink-flasche genieße. Meine Einkäufe packe ich in einen fancy Jutebeutel (für Münchner gibt es die auch mit Samt oder Strass), und mein liebstes Kosmetikpro-dukt ist Bio-Kokosöl aus dem Glas. Trotzdem: Es gibt immer etwas zu optimieren. Aber wo fange ich an?

Meine Google-Suche schickt mich direkt zum YouTube-Kanal von GreenMuriel_1989. Die semi-fröhliche Veganerin aus dem hippen Leipzig hat 81000 Abonnenten, einen nervösen Freund, der psychedelische Smoothie-Videos dreht, und an-geblich keinen Verpackungsmüll. So einen hageren Typen, der Spinat und Mandelmus in den Mixer wirft, um anschließend darüber zu schwadronieren, möchte ich eher nicht zu Hause haben, aber das mit der Müllvermeidung klingt spannend. Ich schiebe einen Stapel Bücher und einen Berg Klamotten bei-seite, mache es mir auf dem Bett bequem und ent-scheide mich für ihr Tutorial *Zero Waste im Bade-zimmer.*

Das Video ist achtundzwanzig Minuten lang. GreenMuriel hat viel zu sagen. Leider haben die meisten Infos nichts mit dem eigentlichen Thema zu tun. Nach zehn Minuten weiß ich, dass Muriel als Kind einen Hamster hatte, der auf tragische Weise verunglückte, und dass man aus Achselhaaren tolle Frisuren machen kann, aber mein Verpackungsmüll hat sich nicht dezimiert.

Bei Minute 12:23 fängt die Youtuberin sogar an zu weinen, weil zwischen ihr und ihren Großeltern immer noch Funkstille herrscht. Es gab wohl einen Eklat bei der letzten Familienfeier, der von einer nonveganen Bratwurst ausgelöst wurde. Hoffentlich verdient sie mit ihren Videos ein bisschen Kohle, um sich eine gute Therapie leisten zu können.

Der Inhalt von Muriels Monolog ist so spannend, dass ich mir ein spontanes Nickerchen erlaube. Als ich kurze Zeit später erwache, schnattert sie immer noch unermüdlich in die Kamera. Aktuell wird über die guten Energien der Kristalle, die den Boden ihrer Wasserkaraffe zieren, sinniert. Dazu hat auch die Smoothie-verrückte Bohnenstange etwas beizutragen und drängt sich ins Bild. Herrje, jetzt quasseln beide auf mich ein. Kurz bevor ich dem Gesabbel ein Ende setzten kann, indem ich zu Netflix wechsle, kommt Muriel tatsächlich zum Punkt. Wir sind inzwischen bei Minute einundzwanzig angelangt.

»Meine Lieben! Ich nehme euch jetzt mit in mein Badezimmer und zeige euch, wie ihr dort komplett auf Verpackungsmüll und Schadstoffe verzichten könnt.«

Na endlich! Muriel schnappt sich die Kamera und tapst durch den spartanisch eingerichteten Leipziger Altbau in Richtung Badeanstalt. Ihr Typ geht zurück an den Mixer, weil er etwas super Gesundes mit Grünkohl und Hafermilch plant. Natürlich überbrückt Muriel den Weg durch die Wohnung mit ein paar weiteren intimen Details aus ihrem Leben. Sie plaudert ungeniert über ihre Verdauungsprobleme und verweist auf ein Video, in dem sie ausführlicher darauf eingeht. Danke, jetzt weiß ich schon mal, was ich mir mit Sicherheit nicht ansehen werde.

Endlich sind wir da. GreenMuriel kann nun ihre biologisch abbaubaren Kosmetika präsentieren. Allerdings hat sie gar keine, sofern man das Stück Kernseife nicht mitzählt. In ihrem Badregal befinden sich stattdessen ausschließlich Lebensmittel. Dort liegen zwei Äpfel, ein Päckchen Backpulver, eine Tüte Roggenmehl, eine Flasche Apfelessig und ein Fläschchen Olivenöl. Hat das Kristallwasser ihrem Oberstübchen etwa so zugesetzt, dass sie versehentlich in die Küche gegangen ist?

»Meine Lieben! Wir beginnen mit der Zahnpflege …« Der Rest ihrer Erläuterung ist kaum zu verstehen, weil Muriel beim Reden plötzlich auf einem kleinen Stöckchen herumkaut. »Njamnjamnjam njonjonjonjonjo njumnjamnjumnjamnjumnjam.« Ich schaue ratlos zu. »Njamnjamnjam njonjonjonjonjo njunjunjunjunjuuu.« Jetzt fletscht sie die Zähne – »Grrrrrrrrrrrr!« – und ich bin kurz davor, beim Internet anzurufen, um Bescheid zu geben, dass mit GreenMuriel_1989 irgendetwas nicht stimmt. Sie hält das angenagte Stöckchen in die Kamera und setzt ihren Monolog fort:

»Meine Lieben! Ich putze meine Zähne nur noch mit einer Süßholzwurzel. Njamnjam njomnjom

48

njamnjamnjamnjamnjamnjam. Die ist hundert Prozent natürlich und enthält alle wichtigen Inhaltsstoffe, die für gesunde Zähne nötig sind. Ich verlinke euch das mal unten in der Infobox. Mit dem Code GreenMuriel89 bekommt ihr auf eure Bestellung 20% Rabatt.«

Ich klicke brav auf den Link und lande direkt im Onlineshop für alternative Zahnpflege. Oha! Die Wurzeln sind ganz schön teuer und werden vakuumverpackt per Versand geliefert. Das ist gar nicht so Zero Waste wie in Muriels Videoüberschrift. Aber ich will mal nicht so streng sein. Wahrscheinlich ist sie auf die bezahlte Werbekooperation angewiesen, um ihrem Smoothie-Hasen das teure Grünfutter finanzieren zu können. In einer Beziehung entstehen ja manchmal die kuriosesten Abhängigkeiten.

Es geht weiter. Jetzt berichtet Muriel voller Stolz, dass sie gänzlich auf Zahncreme und Mundspülung verzichtet, und empfiehlt stattdessen den Biss in einen leckeren Apfel. Hoffentlich hat sie sich den nicht auch in Plastik verpackt per Versand liefern lassen. Bisher konnten mich ihre Hygienetipps für die gelblichen Beißerchen jedenfalls nicht überzeugen. Zum Glück leitet sie jetzt zum Thema Haarpflege über.

Wenn ich meinen Ohren trauen kann, benutzt GreenMuriel seit Jahren kein Shampoo, wäscht ihr Federkleid bloß mit Wasser. Das ist die sogenannte #NoPoo-Methode und total angesagt bei den alternativen Zottelmädchen. Allein vom Zuhören fange ich an zu muffeln. Zum Glück erlaubt sich die vegane Beautyqueen hin und wieder kleine Ausnahmen. Wenn sie bei einem anstrengenden Drehtag in den eigenen vier Wänden mal so richtig ins Schwitzen kommt (ja, Youtuber sein ist ein echt harter Job), gönnt sie sich etwas ganz Besonderes: eine erfrischende Haarwäsche mit Roggenmehl. Und wenn sie ihre Bohnenstange mit einer hammermäßig glänzenden Walla-Walla-Mähne bezirzen möchte, kippt sie anschließend noch eine Ladung Apfelessig drüber. Angeblich lockt das Ergebnis den Grünkohlfetischisten zuverlässig hinterm Mixer vor. Am Jahrestag rasiert sich Muriel sogar die Beine und benutzt dafür einen Rasierhobel aus Holz. Der Rest der Körperpflege wird ganz pragmatisch mit Kernseife und Olivenöl erledigt. Yummy.

Was die umweltbewusste Youtuberin ebenfalls komplett ausspart, sind Make-up-Produkte aller Art. »Ihr Lieben, Schminken ist für mich ein absolutes No-Go«, belehrt sie die Zuschauer. »Entfaltet lieber euer natürliches Strahlen, anstatt euch hinter einer Maske zu verstecken!« In diesem Satz steckt viel Schönes drin, und in Leipzig und Berlin mag #ungeschminkt ein anerkannter Look sein. Aber sorry, Muriel, ich wohne in München-Schwabing. Ohne einen Hauch Rouge und Mascara darf hier niemand das Haus verlassen.

»Meine Lieben! Zum Schluss zeige ich euch noch die Zutaten, aus denen ihr zu Hause euer eigenes

Deo herstellen könnt. Alles was ihr dafür braucht, ist Natron, Wasser und eine leere Sprühflasche.« Verheißungsvoll hält sie das Päckchen Backpulver in die Kamera. »Wie das genau geht, verrate ich euch im nächsten Video. Klickt einfach hier oben auf die Glocke und abonniert meinen Kanal.«

Wow! Was für ein Cliffhanger. Wer da nicht am Ball bleibt, ist selber schuld.

»Feeertig!«, ruft die Bohnenstange aus dem Off und schlurft mit einem Glas dunkelgrünem, zähflüssigem Saft zurück ins Bild. Ob wohl auch die Reste von Muriels Süßholzzahnbürste im Mixer landen? Man kann ja alles wiederverwenden.

Das Öko-Pärchen probiert vom Zaubertrank. Dann endet das Video in einer gestellten Kabbelei, um der Spinat-Community zu demonstrieren, wie authentisch die beiden trotz des Weltruhms geblieben sind. Es wird noch achtundvierzig Mal dazu aufgefordert, uuunbedingt den Kanal zu abonnieren, dann ist der Spuk vorbei. Das reicht mir an virtuellem Bio-Inhalt für heute. Ich klappe den Laptop zu und mache mich analog ans Werk.

Zwei Stunden später finde ich mich blutverschmiert und mit völlig verklebten Haaren im Badezimmer wieder. Meine Unterlippe bebt, während ich mit der Brause verzweifelt meine Mähne malträtiere. Ich wollte doch einfach nur das selbst gemachte Roggenmehl-Shampoo ausprobieren, und jetzt muss ich mir, wenn weiterhin alles schiefläuft, eine Kurzhaar-frisur schneiden lassen.

Ich war voll motiviert und bereit, die super ökologische Shampoo-Alternative sofort auszuprobieren. Roggenmehl hatte ich nicht im Haus, deshalb entschied ich mich kurzerhand, auf Weizen umzusteigen. Mehl ist Mehl, und wenn wir mal ehrlich sind, gehört beides nicht auf den Kopf. Schon beim andächtigen Einmassieren in den Haaransatz hatte ich ein komisches Gefühl. Es bildeten sich nach und nach Klümpchen; es kam mir vor, als würde ich in einer Schüssel voll mit haarigem Keksteig hantieren. Auch nach zehnminütigem Kneten war kein Ende in Sicht. Ich wurde langsam panisch und brauste, was das Zeug hielt. Keine Ahnung, wie viel Wasser ich schon verschwendet hatte. Beim Fahnden nach einer geeigneten Bürste, um die Pampe wieder rauszukämmen, stieß ich dann zufällig auf einen Rasierhobel aus Holz. Den hatte mein heißer belgischer Ex-Freund mal bei mir vergessen, und ich hab ihn nie weggeworfen, weil mein Unterbewusstsein schon acht Jahre darauf wartet, dass er irgendwann vor meiner Tür steht, um ihn zurückzufordern. Natürlich wäre der Rasierhobel nur der Vorwand, um spontan bei mir einzuziehen und in derselben Nacht sehr viele sehr hübsche Babys zu machen. Mir war leider längst klar, dass diese schöne Fantasie eher unrealistisch war, also beschloss ich, den Hobel Muriellike fortan als Alternative zum Plastikrasierer zu benutzen. So konnte ich beim Beineglätten nicht nur die Erde retten, sondern auch immer mal wieder an den heißen Belgier denken und somit ein bisschen Schwung in die Morgenroutine bringen.

Autsch! Ich war noch nicht mal mit der linken Wade fertig, da hatte ich mich schon sechs Mal geschnitten. In meinem Badezimmer sah es inzwischen aus wie in einem richtig schlechten Splatter-Film, und mein linkes Bein glich dem einer dreizehnjährigen Rasurdebütantin. Es war zum Verzweifeln.

Die Klingel schellt und ich schrecke hoch. Den größten Schaden konnte ich inzwischen beheben. Nach dreistündigem Bürsten und Föhnen sehe ich beinahe so aus wie vorher. Nur ein paar winzige Mehlklümpchen und viele kleine Schnittwunden erinnern an das nachhaltige Beauty-Massaker von heute Vormittag. Im Glauben, es wäre der Paketbote, öffne ich die Tür. Mist! Vor mir steht mein Nachbar Andreas. Am letzten Wochenende, als mir langweilig war, habe ich versehentlich etwas mit ihm angefangen. Andreas heißt gar nicht Andreas. Ich nenne ihn nur so, weil er ein bisschen wie Andreas Scheuer aussieht. Blöderweise sehen alle meine Nachbarn aus wie Andreas Scheuer, und es wäre gut möglich, dass ich aktuell mehrere gleichzeitig am Start habe.

»Hi«, raunt er bemüht verwegen und drückt mich gegen den Einbauschrank in meinem Flur. Da hat wohl jemand zu viel GQ gelesen.

»Ähm ... äääh, du ...«, stammle ich, aber Andreas erstickt meine Worte in einem sehr, sehr feuchten Zungenkuss. Ich werde nervös. Was mir auf der Gartenparty letzte Woche noch als einigermaßen gute Idee erschien, erweist sich gerade als fataler Fehler. Wie kann ich die Sache bloß beenden, ohne ihn vor den Kopf zu stoßen? Immerhin hat er sich jedes Mal zuverlässig um meine Palme gekümmert, wenn ich im Urlaub war, und schon zweimal mein Fahrrad repariert. Wenn ich ihn jetzt zurückweise, war's das bestimmt mit den Benefits. Seine Schlabberzunge hat sich inzwischen bis zu meinem Hals vorgearbeitet, und ich bin kurz davor, ihn rauszuwerfen, als er plötzlich innehält. Irritiert schnüffelt er an meinem Ohr.

»Was ist das? Irgendwie riechst du komisch.«

Na danke, das hätte er auch ein bisschen blumiger sagen können. Anscheinend ist die Spülung aus Apfelessig doch nicht so der Renner.

»Und du hast da irgendwas Komisches in den Haaren. Hast du etwa Schuppen? Die sind ja riesig.« Skeptisch pult er ein weißes Klümpchen aus meinem Haaransatz und hält es mir vors Gesicht.

»Jetzt reicht es aber!«, rufe ich. »Das ist nur Mehl. Ich habe das als Shampoo verwendet.«

Er zieht die rechte Augenbraue hoch und tritt einen Schritt zurück.

»Aha, manchmal bis du echt seltsam. Ähm ... Ich muss jetzt eh wieder los. Wollte nur kurz Hallo sagen.«

Daraufhin verlässt er fluchtartig meine Wohnung. Wahrscheinlich ist er bereits auf dem Weg zu irgendeiner Douglas-Tussi. Auch wenn ich mich freue, dass sich das Affären-Problem gerade von selbst gelöst hat, bin ich beleidigt und befürchte, dass mich ein Mann wirklich sehr, sehr doll lieben muss, um über den Apfelessigduft hinweg zu schnüffeln. Das ist nichts für den Erstkontakt. Naja, vielleicht klingelt ja später der heiße Belgier und will den Rasierhobel zurück. Davor muss ich mich noch dringend mit einem herkömmlichen Deodorant eindieseln.

Tipp 1: *Mehl und Olivenöl gehören nicht in die Haare, sondern in einen schönen Flammkuchenteig.*

Tipp 2: *Du möchtest dich von deiner Partnerin/deinem Partner trennen, weißt aber noch nicht wie? Eine Haarspülung mit Apfelessig kann dir dabei helfen.*

TANTRA-TORBEN UND EIN HAUFEN LIEBE

Einsam, zweisam, achtsam

Zwei Stunden später klingelt es tatsächlich ein weiteres Mal. Es könnte gut sein, dass es sich bei diesem Spontanbesuch wieder um meinen hormongesteuerten Nachbarn handelt, daher schleiche ich mich auf leisen Sohlen zum Eingang, um zuerst einen vorsichtigen Blick durch den Spion zu werfen. Als ich sehe, wer da vor meiner Wohnung steht, fange ich laut an zu quietschen und reiße die Tür auf. »Anni! Wie cool!« Ich umarme meine beste Freundin und führe ein klitzekleines, peinliches Tänzchen auf.

»Sorry, hab mich so gefreut, dich zu sehen«, entschuldige ich mich für die nicht gerade altersgerechte Einlage und nehme Anni mit in die Wohnung.

»Bist du denn gar nicht sauer?«, fragt sie mich, und da fällt es mir wieder ein. Anni war monatelang wie vom Erdboden verschluckt. Dabei waren wir über zehn Jahre lang unzertrennlich. Ich erinnere mich noch ganz genau an den Tag, als wir uns kennenlernten.

Es war im Sommer 2009 an der französischen Atlantikküste, und es schiffte wie Sau. Mona, Manuel,

Denis und ich waren gemeinsam von Berlin aus an die Küste getuckert, um an unserer Karriere als Profi-Surfer zu arbeiten. Ich brauchte unbedingt einen bodenständigen Backup-Plan, was meinen Berufswunsch anging, falls das mit der Musik nicht klappen sollte. Nach der vierundzwanzigstündigen Fahrt, in der sich Mona und Manu sieben Mal getrennt und wieder versöhnt hatten und Denis komplett ausgerastet war, weil das mit der Mautumfahrung nicht funktionierte, lagen die Nerven blank. Ich war nicht mal böse, als uns die schlecht gelaunte Surfcamp-Leiterin mitteilte, dass die Vierer-Bungalows alle belegt waren, und sofort bereit, mir eine Unterkunft mit einem fremden Mädchen zu teilen. Dann stiefelte ich im strömenden Regen in Richtung Bungalow 7 und klopfte an die Tür.

»Moment«, rief die Unbekannte. Ich musste erst mal draußen warten. Auf dem Terrassentisch lag eine Schachtel französische Mentholzigaretten. Frech bediente ich mich. Irgendwann öffnete sich die Bungalowtür. Anni schlich heraus, raunte ein »Psssst!« in meine Richtung und setze sich beinahe geräuschlos neben mich. Sie trug nichts außer einem riesigen, grauen Herrenshirt. Mit ihren dunkelbraunen Augen und den ungekämmten, hellblonden Haaren sah sie so schön aus, dass es fast ein bisschen wehtat.

»Kann ich bitte eine Zigarette haben?«, flüsterte sie mir zu.

»Sind das nicht deine?«, fragte ich sehr leise und verwundert zurück und hielt ihr die Schachtel hin.

»Ach, stimmt ja. Vergesse ich immer. Ich rauche nämlich eigentlich nicht.«

»Ich auch nicht!«, sagte ich begeistert und zog genüsslich an meinem Glimmstängel.

»Cool«, hauchte Anni. Dann rauchten wir vier oder fünf hintereinander und flüsterten und kicherten und wussten, dass das ein ziemlich genialer Urlaub werden würde. Irgendwann, als der Regen bereits die halbe Terrasse überschwemmt hatte, wollte ich mein Gepäck im Bungalow sicherstellen, aber Anni hielt mich zurück.

»Das geht jetzt nicht. Sorry«, meinte sie und schüttelte energisch den Kopf.

»Warum denn nicht? Und warum flüstern wir eigentlich?«

»Na … na, weil … na, weil da ein nackter Neuseeländer drin ist.« Sie deutete auf den Bungalow.

»Ach so? Okay.«

»Japp.«

Und dann prustete sie los, und ich auch, und wir rauchten weiter, bis uns total schlecht war. Ich weiß bis heute nicht, ob wirklich ein nackter Neuseeländer im Bungalow gewesen ist. Egal. An diesem verregneten Nachmittag irgendwo bei Biarritz ist sie auf jeden Fall meine beste Freundin geworden.

Der Rest meiner Reisecrew war genauso begeistert von Anni wie ich. Sie war extrem cool, ohne sich dafür anstrengen zu müssen. Beachtlich für eine Mitte Zwanzigjährige. Ich musste mir lange Zeit sehr große Mühe geben, um einigermaßen ähnlich lässig rüberzukommen. Das Beste war, Anni studierte damals in Berlin, genauso wie wir.

Irgendwann sind meine Freundin und ich zeitgleich nach München gezogen und haben die gammlige Spree gegen die schöne Isar eingetauscht. »War mir eh zu ranzig in der Hauptstadt«, meinte sie an einem unserer ersten Abende in der neuen Wahlheimat. Ich sah das genauso. Anni hatte sich an der Ludwig-Maximilian-Universität eingeschrieben und studierte sich mal mehr, mal weniger ambitioniert durch das vielfältige Angebot der Uni. Mal schlug ihr Herz für die Veterinärmedizin, ein halbes Jahr später für die Theaterwissenschaften. Auch mit Ende zwanzig war an einen Abschluss, oder noch schlimmer, an einen Einstieg ins Berufsleben nicht zu denken, denn meine Freundin war Vollzeit mit der Partnersuche beschäftigt.

Es war beinahe mysteriös: Anni war bildschön und überdurchschnittlich intelligent, aber mit Männern hatte sie immer Pech. Sie konnte sich schwer entscheiden und wenn sie es aus Versehen doch tat, war der auserwählte Prinz so primitiv, dass man jedes Mal aufs Neue an ihrem Urteilsvermögen zweifelte. Bei der Partnerwahl wurde keine Stolperfalle ausgelassen. Ob unterbelichteter Sportler oder krankhaft extrovertierter Barkeeper mit Affinität zur Hantelbank - sie verfiel grundsätzlich Typen, von denen schon eine Fünfjährige wusste, dass das nichts für die Ewigkeit ist, glaubte aber jedes Mal an die große Liebe. Kurz vor ihrem dreißigsten Geburtstag hatte sie genug und schwor, nie wieder etwas mit einem dieser Klischee-Typen anzufangen. Stattdessen würde sie sich »einen ganz, ganz Lieben« suchen. Einen, der aufmerksam ist und der am Wochenende mit ihr ins Gartencenter fährt. Das war, nachdem sie der Gitarrist einer fragwürdigen Münchner Indie-Band mit seiner zweiundvierzigjährigen niederbayrischen Fanclub-Leiterin betrogen hatte. Dass der Typ fremdging, überraschte mich nicht. Ich wunderte mich vielmehr darüber, dass er einen Fanclub hatte. Monate vergingen, die Anni als unglückliche Single-Lady im dreiundvierzigsten Semester verbrachte. Und dann kam Torben.

»Es ist was passiert. Alter Schwede, ich bin so glücklich, ich könnte ausrasten!«, hatte Anni letztes Jahr im Frühsommer ins Telefon gerufen und mich am anderen Ende total überrumpelt. Es war 5.23 Uhr, als sie anrief.

»Was ist denn los?«, fragte ich und konnte mir ein lautes Gähnen nicht verkneifen.

»Oh, sorry! Hast du etwa noch geschlafen?«

»Ähm, jaaa!? Was ist denn das für eine bekloppte Frage!«

»Tut mir leid. Ich wollte dich nicht wecken. Aber Torben und ich stehen jeden Morgen um 4.30 Uhr auf und meditieren, da bin ich kurz nach fünf schon immer richtig fit. Ist ja auch schon total hell und so.«

Tatsächlich. Es war wirklich nicht mehr dunkel draußen. Trotzdem war der frühe Vogel nicht mein Lieblingstier und Annis schon gar nicht - eigentlich.

»Wer ist denn Torben?«

»Na, mein Coach.«

»Wer?«

»Na, mein Coach!«

»Der Eso-Schnösel mit dem Dutt und den weißen Klamotten?«

Meine Freundin hatte mir schon ein paar Mal von ihrem Lebensberater erzählt. Ihre Kommilitonin Mira (ebenfalls Single und im dreiundvierzigsten Semester) hatte ihn empfohlen. Seitdem gönnte sie sich regelmäßig sündhaft teure Therapiestunden von einem Fachmann, der seine Lizenz vermutlich in einem Wochenendseminar erworben hatte. Normalerweise lachten wir über jeden, der sich »Coach« nannte, aber die ewige Partnersuche hatte sie über die Jahre hinweg mürbe gemacht. Und irgendetwas musste dieser Torben auf dem Kasten haben, denn so vergnügt hatte Anni schon lange nicht mehr geklungen.

»Der ist gar nicht komisch. Auf den ersten Blick war er halt nicht der Typ Mann, auf den ich stehe.«

Das war ein gutes Zeichen. Also gehörte er schon mal nicht zur Gattung der Hohlbirnen, die beruflich Ball spielen oder etwas mit Eiweiß-Shakes machen.

»Ist doch alles cool. Ich freu mich für euch. Treffen wir uns denn heute Abend?«

Wie jeden Dienstag waren wir in unserer Lieblingsbar in der Schellingstraße verabredet.

»Klar treffen wir uns. Ich wollte dir eigentlich nur sagen ...« Sie legte eine bedeutungsvolle Pause ein. »Ich wollte dir eigentlich nur sagen, dass Torben auch mitkommt!«

Ich war baff. Noch nie hatte sich einer von Annis Eroberungen freiwillig bei ihren Freunden vorgestellt. In der Vergangenheit musste ich immer »zufällig« irgendwo reinschneien, um ihre primitiven Prinzen kennenzulernen.

»Krass, weiß er schon von seinem Glück?«

»Er hat es sogar selbst vorgeschlagen«, kicherte Anni überglücklich. Ich war gespannt auf den bevorstehenden Abend.

Als ich kurz nach 20 Uhr unsere Lieblingsbar betrat, rannte Anni auf mich zu und umarmte mich.

»Da sitzt er!«, rief sie und deutete voller Stolz in Richtung Tisch. Offenbar war sie selbst überrascht, dass er tatsächlich mitgekommen war. Ich wollte ihrem neuen Freund höflich die Hand geben, aber er kam mir zuvor, indem er mich ganz, ganz, ganz fest an sich drückte.

»Schön, dich kennenzulernen, meine Liebe! Ich freue mich wahnsinnig«, raunte er in mein Ohr, und ich blickte etwas hilflos über seine Schulter hinweg in Annis strahlendes Gesicht. Sie schien diese überschwängliche Begrüßungsgeste gar nicht seltsam zu finden, dabei wusste sie, wie unangemessen ich Umarmungen von Wildfremden finde. Sowas machen nur Theaterschauspieler mit Minderwertigkeitskomplexen. Also alle. Nach gefühlten zwei Stunden befreite ich mich aus Torbens Klammergriff, so dass wir uns setzen konnten. Das Styling von Annis neuem Freund war wirklich fragwürdig. Beige Leinenhose, ein viel zu weit geöffnetes Hemd, weiße Flip-Flops, ein Dutt – in diesem Aufzug hätte er auch gut ein Massagestudio am Tegernsee leiten können. Trotz der Verkleidung war er zweifellos charismatisch. Da stand er seiner neuen Freundin in nichts nach. Verliebt saßen mir die beiden gegenüber und tätschelten sich die Oberschenkel, wie zwei Vierzehnjährige auf Klassenfahrt. Wie schön für Anni. Endlich hatte sie einen gefunden, der sie angemessen zurückliebte und obendrein Sätze mit Subjekt und Prädikat bilden konnte.

Die Bedienung kam an unseren Tisch und nahm die Bestellung auf.

»Gin Tonic, bitte«, sagte ich.

»Für mich auch«, stimmte Anni mit ein.

»Moment, Moment!« Torben war nicht so entscheidungsfreudig wie wir und tuschelte Anni etwas ins Ohr. Er tuschelte so lange, bis die Kellnerin ungeduldig wurde:

»Braucht ihr noch lange? Soll ich noch mal wiederkommen?«

»Nein, nein!«, rief Anni. »Ich hab mich anders entschieden. Ich nehme lieber eine Rhabarberschorle.«

»Für mich bitte auch!«, säuselte Torben und machte der Kellnerin dabei übertrieben schöne Augen. Ich war etwas enttäuscht. Das klang nach einem Abend, der ohne Spektakel um 21 Uhr enden würde. Gin Tonic war normalerweise unser Standardgetränk, Saftschorlen lehnten wir kategorisch ab. Das war nur etwas für Leute, die einen Fahrradhelm tragen, Tatort schauen und dabei auch noch schwanger sind. O Gott, hoffentlich war sie nicht schwanger!

»So, meine Liebe! Ich bin ganz gespannt auf dich. Anni hat mir schon so viel erzählt. Was treibst du? Wofür lebst du? Wovon träumst du? Ich spüre da eine ganz tolle Energie.« Torben beugte sich nach vorn und blickte mir tief in die Augen.

»Naja ... ähm ...«, stotterte ich verlegen. »Du weißt ja bestimmt schon einiges. Ich bin Musikerin und ...«

Er unterbrach mich mit einem tiefen bedeutungsschwangeren Seufzer. Dann legte er seine Hand auf mein Knie und kam unangenehm dicht an mich und meine schöne Energie heran.

»Meine Liebe! Das ist Wahnsinn. Du hast deine Leidenschaft zum Beruf gemacht, genauso wie ich. Ich habe sofort gemerkt, dass uns beide etwas verbindet.«

»Also Anni verbindet uns auf jeden Fall«, sagte ich so sachlich wie möglich und war überrascht, dass meine Freundin das Szenario tiefenentspannt und frohen Mutes mit ansah.

»Ich war immer ein Suchender«, fuhr Torben unbeirrt fort. »In meiner Jugend bin ich dem Schauspiel verfallen, so wie du der Musik ...« Das erklärte die Umarmungsattacke zur Begrüßung.

»Jahrelang habe ich auf Bühnen gestanden, bis ich merkte, dass mir die Kunst allein nicht mehr genug war.«

»Aha. Wo hast du denn gespielt?«, wollte ich es genauer wissen. Torben zuppelte an seinem Dutt.

»Hier und da. In der Drehleier, im Rumpelstiltheater und in der blauen Maus. Wie gesagt, die Kunst war mir nicht genug.« Sie wäre ihm sicher genug gewesen, wenn er im Deutschen Theater oder im Schauspielhaus gastiert hätte, aber das sagte ich natürlich nicht laut.

»Und dann zog es mich raus aus der Stadt an den schönen Ammersee.« An dieser Stelle konnte ich mir ein Grinsen nicht verkneifen, aber Torben schwadronierte unbeirrt weiter. »Ich habe dort ganz fantastische Menschen kennengelernt, meine Liebe. Der See ist für mich zum Kraftfeld geworden und ich wusste, dass ich dort bleiben will. Ich habe die

Schauspielerei an den Nagel gehängt und mich zum systemischen Coach ausbilden lassen.«

Seine Biografie wurde von der Kellnerin unterbrochen, die den Gin Tonic und die Rhabarberschorlen brachte. Ich hatte das Bedürfnis, auf ex zu trinken. Den Gin Tonic, versteht sich. Mir schwante, dass die Selbstbeweihräucherung noch einige Stunden andauern würde. Doch noch bevor Torben an seiner Schorle nippen und gleichzeitig mit seiner fantastischen Coaching-Karriere angeben konnte, wandte er sich von uns ab, sprang auf und fiel einer kurvigen Brünette um den Hals.

»Karina! Meine Liebe!« Ich hoffte inständig, dass die fremde Frau seine Schwester war, denn als er sie und ihre beiden Kraftfelder so fest und herzlich im Arm hielt, wurde ich solidarischerweise extrem eifersüchtig.

»Kennst du die?«, fragte ich neugierig, und Anni schaute angesäuert drein. Die gute Laune war verflogen.

»Das ist Karina. Die haben sich in Schweden kennengelernt und geben jetzt gemeinsam Workshops. Eigentlich wollte die erst morgen kommen.«

»Ist sie Schwedin?«

»Nee ...« Anni machte eine Pause und seufzte. »Die waren beide beim Tantra-Festival in Ängsbacka.«

»Haha, wie lustig!« Anni hatte schon immer einen sauguten Humor.

»Das war kein Witz!«

»Ups. Ich hatte keine Ahnung, dass es dafür extra Festivals gibt. Hihi ... Ähm, sag mal ... Hatten die etwa was miteinander?«

Annis Blick wurde immer genervter.

»Mann! Darum geht es doch nicht, wer was mit wem hat. Das ist doch Kindergarten. Die sind auf einer ganz anderen Ebene.«

»Also auf der Horizontalen, oder was? Ist Torben jetzt dein fester Freund oder nicht?«

Das war zu viel. Anni wurde stinksauer: »Es gibt nicht nur ein Beziehungsmodell, und es sind auch nicht alle so oldschool wie du.«

Ich war mehr als verwundert. In Sachen Monogamie stand mir Anni bisher in nichts nach. Sie war es doch, die einmal einen cholerischen Anfall bekam, weil ihr Fußballer aus der dritten Bundesliga bei einer Familienfeier zu dicht an seiner Cousine saß.

»Und weißt du was? Ich will jetzt eine rauchen!«

Energisch schnappte sie meinen Arm und zog mich raus auf die Terrasse.

Tantra-Torben schien keine Notiz von unserem Verschwinden zu nehmen, so sehr war er in das Gespräch und das einladende Dekolleté von Karina vertieft.

Als sich Anni etwas beruhigt und ihre Zigaretten gefunden hatte, erzählte sie mir die ganze Geschichte. Der charismatische Life-Coach feat. Ex-Schauspieler hatte sie hartnäckig mit kleinen

Aufmerksamkeiten umworben. Erst schenkte er ihr ein Buch zum Thema Selbstliebe, dann einen Lichtengel (was auch immer das ist) und schließlich das selbst gemachte Wildrosen-Massageöl. Geschenk Nummer drei führte schließlich zu einer Nackenmassage mit Happy End, und schon in der zweiten Nacht gestand er Anni seine Liebe. Sie sei eine verwundbare Frau mit vielen inneren Blockaden. Er würde etwas in ihr sehen, was andere nicht erkennen konnten, habe er gesagt. Das machte aus unerfindlichen Gründen Eindruck auf sie. Für mich klang das alles nach dem Songtext einer semi-erfolgreichen Schlagermaus, und ich konnte absolut nicht verstehen, warum sie dem esoterischen Labersack verfallen war. Insgeheim wünschte ich mir einen ihrer strunzdummen, verflossenen Mannschaftssportler zurück. Die konnten aufgrund ihrer eingeschränkten Kommunikationsfähigkeiten wenigstens nicht so einen Stuss von sich geben. Torben hingegen hatte meine Freundin derart bequatscht, dass sie schon nach einer Woche Zusammensein bei ihm einzog.

»Wie bitte? Du wohnst schon bei dem?«

»Naja«, sagte meine Freundin kleinlaut, »die meisten hätten sich sicher noch Zeit gelassen, aber das Häuschen am Ammersee ist echt schön, und ich kann jederzeit nach München an die Uni fahren, und …und außerdem hab ich ein richtig gutes Gefühl.«

Annis neue Beziehung wurde immer rätselhafter. Warum zur Hölle zieht man nach einer Woche mit einem Mann zusammen, der auf Tantra-Festivals geht und einen Dutt trägt? Das machte doch alles keinen Sinn.

»Und mal ehrlich, im Bett ist er der Hammer. Torben lässt sich so viel Zeit … Vorgestern hat er mich erst mal drei Stunden massiert …«

Aha. Jetzt fiel der Groschen. Ich wusste, warum ihm Anni verfallen war. Bei ihren Verflossenen war in Sachen prickelnde Erotik nicht viel zu holen gewesen. Kurz nach dem Anstoß folgte meist auch schon der Abpfiff. Einmal hatte sie was mit einem Freeletics-Fetischisten, da musste sie als Vorspiel Squats und Liegestütze machen. Anders war der Typ nicht in Stimmung zu bringen.

Noch bevor ich mich angemessen über ihre neue Wohnsituation aufregen konnte, steuerte Torben auf uns zu. Er hatte Kurven-Karina im Schlepptau.

»Hier, nimm!« Blitzschnell drückte mir Anni ihre Zigarette in die Hand. »Er möchte nicht, dass ich rauche …«

Torbens tadelndem Blick nach zu urteilen, hatte er längst bemerkt, dass Anni auf der Terrasse ihrem Laster frönte.

»Schade, schade, mein Liebe! Da hatten wir doch drüber gesprochen.«

Igitt. Jetzt verfiel er auch noch in Gymnasiallehrer-Floskeln. Er griff zärtlich, aber bestimmt nach Annis Arm, zog sie beiseite und ließ sein Busenwunder mit mir allein.

»Hallo, meine Liebe! Ich bin die Karina.«

Ich wollte um Hilfe schreien, aber da drückte mich die Unbekannte schon an ihre riesigen Hupen.

»Toll, toll, toll, dass wir uns endlich kennenlernen. Ich spüre so schöne Energien. Deine Freundin ist ein ganz wunderbarer Schatz für meinen Torben.«

»Umpf!«, machte ich und versuchte nach Luft zu schnappen. Kurz bevor ich ohnmächtig wurde, ließ Karina mich wieder frei und baute sich betont zugewandt vor mir auf. Bestimmt hatte sie vor kurzem einen Volkshochschulkurs zum Thema offene Körperhaltung besucht. Die brünette Enddreißigerin gehörte zur Gattung der Schippis - eine Kreuzung aus Hippie und Schickeria. Man trifft dieses Modell vorrangig im Münchner Glockenbachviertel an. Unter ihrem langen Sommerkleid, das alternativ wirken sollte, aber mit Sicherheit 800 € gekostet hat, zeichnete sich eine im Verhältnis zu den üppigen Kurven viel zu schlanke Figur ab. Anscheinend war Torben auch der Brustvergrößerung durch Handauflegen mächtig.

»Kommst du am Wochenende auch zu unserem Tantra-Kurs, meine Liebe?«, fragte sie aus heiterem Himmel und ich griff reflexartig nach einem x-beliebigen Weinglas, das zufällig in Reichweite stand. Torben und Anni hatten sich versöhnt und gesellten sich eng umschlungen zu uns. Den Arm, den der Liebesguru noch frei hatte, legte er liebevoll um Karina. Die Kurvenkanone plapperte weiter: »Deine

Freundin ist der Wahnsinn. Sie darf am Wochenende nicht fehlen. Stimmt's, meine Liebe? Du kommst doch?!«

Die drei blickten mich erwartungsvoll an, ich wandte mich hilflos an Anni.

»Also, ich will nicht prüde rüberkommen, aber was genau passiert denn bei so einem Tantra-Kurs? Ich hab echt keinen Bock, mit irgendwelchen Fremden unter Anleitung Sex zu haben.«

Karina und Torben prusteten los, und auch Anni fand meine Ansage offenbar witzig.

»So ein Quatsch! Tantrisch arbeiten hat wirklich nichts mit Sex, wie du ihn kennst, zu tun. Und du wirst ja auch zu nichts gezwungen«, erklärte sie mir. Sie hatte sich in der kurzen Beziehungszeit mit dem Leinenhosenträger offenbar gründlich weitergebildet.

»Komm schon, meine Liebe! Dir wird sich eine ganz neue Welt eröffnen. Tantra ist etwas rein Spirituelles. Sexualität ist nur ein winziger Teil davon«, versicherte mir nun auch ihr Lehrmeister. Ich gönnte mir einen großen Schluck aus dem fremden Glas und willigte ein. Aus der Nummer kam ich eh nicht mehr raus. Obendrein war ich viel zu neugierig, um dort nicht aufzukreuzen.

Am darauffolgenden Samstagmorgen fand ich mich in aller Herrgottsfrühe in Annis und Torbens Küche wieder. Das Haus am See wirkte weniger romantisch als beschrieben. Es lag näher an der Bundesstraße als am Ufer, und es roch überall dezent nach nassem Köter, obwohl Torben gar keinen Hund hatte. Der dunkle Flur glich einer Rumpelkammer, und der Küchenboden war beunruhigend klebrig. Es war kurz nach acht, und Anni hatte Tee für uns gekocht. Todmüde saß ich ihr gegenüber, klammerte mich an die vermutlich beim Ausdruckstöpfern entstandene Tasse und blickte durch das schmutzige Fenster in den Innenhof. Die halbe Nacht hatte ich nicht schlafen können. In meinem Kopf spielten sich die wildesten Szenarien ab. Was wäre, wenn sich das spirituelle Gedöns doch nicht ausschließlich oberhalb der Gürtellinie abspielen würde? Und was würde ich tun, wenn ich bei Tantra-Torben selbst Hand anlegen müsste? Würde Anni unbeirrt dabei zusehen? Irgendwann war ich so durcheinander, dass ich beschloss, etwas früher dort hinzufahren, um in Ruhe mit meiner Freundin zu sprechen. Und da saß ich nun.

»Was passiert denn nun heute beim Kurs?«, hakte ich nach.

Anni wirkte angespannt.

»So haargenau kann ich dir das auch nicht sagen. Ist für mich ebenfalls das erste Mal. Bisher waren Torben und ich immer nur zu zweit.«

In diesem Moment fuhr ein dunkelroter Mini auf den Innenhof, und Karina stieg aus. Torben lief auf sie zu und nahm sie fest und innig in den Arm. Das kannte ich ja schon. Kurze Zeit später trudelte der erste Teilnehmer ein. Aus einem dunkelblauen Renault stieg ein magerer Fünfzigjähriger mit Resthaar und Gitarre. Meine erste Sorge war nicht, dass dieser in die Jahre gekommene Pfadfinder mein Tantra-Partner werden könnte, viel mehr Angst hatte ich davor, dass er uns auf der mitgebrachten Klampfe etwas vorspielen würde. Dass kein musikalischer Hochgenuss zu erwarten war, sah ich schon von weitem. Ein Profimusiker würde niemals sein Instrument zu einer Freizeitaktivität mitschleppen. Es sind immer nur die Hobbymusikanten, die in allen erdenklichen Lebenslagen einen Heidenspaß an ihrem schiefen Geschrammel haben. Aber ich wollte nicht vorschnell urteilen. Vielleicht tat ich ihm Unrecht und er hatte bloß vor, seine Gitarre tantrisch zu massieren. Kurven-Karina schnappte sich den musikalischen Teilnehmer und baute sich und ihr körpereigenes Alpenpanorama vor ihm auf. Sie standen da, hielten die Hände und blickten sich tief in die Augen. Eine Minute, zwei Minuten, drei …

»Du, Anni? Was machen die da? Warum starren die so komisch?«

»Das ist Eye Gazing. So kann man sich allein über Blickkontakt kennenlernen. Torben sieht dann immer gleich, ob jemand Blockaden hat.«

»Aha.«

Ich war nicht überzeugt. Aber immerhin noch besser als eine Vorstellungsrunde, in der man sich einen Stoffball zu wirft. Anni hatte ihren Stuhl zum Fenster gerückt, damit wir das Geschehen besser beobachten konnten. Jetzt kam das erste Pärchen an, und ich wurde stutzig. Die waren höchstens Mitte zwanzig. War deren Beziehung wirklich schon so am Ende, dass sie ihre Wochenenden mit vom Schicksal gestreiften Hobby-Esoterikern teilen wollten? Karina und Torben schienen erfreut über das Frischfleisch. Sie schnappte sich das Männchen, Torben das Weibchen und dann wurde fleißig durch viel zu intimen Blickkontakt nach Blockaden gesucht.

»Anni? Bist du gar nicht eifersüchtig?«

Meine Freundin blieb bemüht cool.

»Ich kann das ausschalten. Für die Dauer des Kurses sind Torben und ich kein Paar. Er hat unsere energetische Verbindung heute Morgen durchtrennt.«

Ich lachte laut los.

»Anni, das kann doch nicht dein Ernst sein. Du müsstest dich mal reden hören. Hat er die Verbindung mit seinem Gemächt durchtrennt, oder was?«

Prustend saß ich am Küchentisch und war mir sicher, dass Anni das im Scherz gesagt hatte. Diese ganze Torben-Geschichte war bestimmt ein riesiges Missverständnis.

»Das heißt Lingam«, sagte sie todernst.

»Wie bitte?«

»Lingam. Lingam ist im Tantra das Wort für Penis.«

Ich lachte immer noch. Inzwischen aus Verzweiflung.

»Was ist denn hier los?«

Torben betrat die Küche und blickte uns fragend an. Er hatte etwas Autoritäres und ich fühlte mich wie ein ertappter Teenie.

»Tut mir leid, mein Liebster«, sagte Anni entschuldigend, »Christin fand das Wort Lingam furchtbar lustig.« Noch bevor ich etwas dazu sagen konnte, kniete sich Torben vor mich auf den klebrigen Boden, legte seelenruhig seine Hände auf meine Knie und blickte mich ernst an.

»Schau nicht weg, meine Liebe!«, raunte er. »Ich kann in dir viel Angst und Unsicherheit erkennen, aber die brauchst du nicht haben. Im Laufe des Seminars werde ich deine Blockaden lösen. Bitte komm gleich mit Anni nach unten, findet euch in der Gruppe zusammen.« Als er die Küche verlassen hatte, wendete ich mich wieder meiner Freundin zu:

»Mir kommt das alles komisch vor. Ich bin mir wirklich nicht sicher, ob das was für mich ist.«

Annis Antwort wurde von einem schwarzen Audi abgewürgt, der in diesem Moment auf den Hof fuhr. Das Auto kam mir irgendwie bekannt vor. Als ich sah, wer dort ausstieg, zog ich blitzschnell den Kopf ein.

»Ach du Schande, das ist Benjamins Mama!«

Jetzt musste Anni lachen. Das erste Mal an diesem Morgen.

»Wie geil! Die gestörte Heilpraktikerin? Dann könnt ihr die Übungen ja zusammen machen«, feixte sie vergnügt. Für einen kurzen Augenblick war sie ganz die alte.

»Sehr witzig. Ich hau jetzt sofort ab!«

Hektisch küsste ich meine Freundin auf die Wange und ahnte, dass ich sie so bald nicht wiedersehen würde. Dann verließ ich rennend das Grundstück und fühlte mich erst sicher, als die S-Bahn in Richtung München ihre Türen schloss. Benjamins Mutter war wirklich die letzte Person, der ich bei so einer Gelegenheit über den Weg laufen wollte. Benni war mein Ex und wenn seine Verwandtschaft nicht so einen riesigen, kollektiven Sockenschuss gehabt hätte, wären wir bestimmt noch zusammen. Bei meiner ehemaligen Schwiegermutti würde Torben an der Blockadenlösungsfront einiges zu tun haben. Vielleicht konnte er ja die schlechten Energien mit seinem Lingam vertreiben. Meine SMS an Anni mit genau dieser Nachfrage blieb unbeantwortet. Genauso wie viele, viele weitere Nachrichten.

Über ein Jahr haben wir uns nicht gesehen und alles ist wie früher. Anni schaut reumütig, als sie eine Schachtel Mentholzigaretten aus ihrer Tasche zieht und mir in die Hand drückt.

»Für dich, Baby! Hast du 'ne Flasche Hugo da?«

»Logo. Warum hast du denn deinen Koffer dabei? Willst du bei mir einziehen?«

»Haha! Ich komm grad aus Schweden zurück. Deshalb das Gepäck.«

Gemeinsam mit Zigaretten und Hugo machen wir es uns auf dem Balkon gemütlich, und Anni plappert drauf los.

Sie erzählt, dass es ein paar Monate gedauert hat, bis sie begann, alles zu hinterfragen. Am Anfang war sie viel zu verliebt und geblendet vom guten Sex und den weißen Klamotten. Sie wurde nicht mal stutzig, als Torben von ihr verlangte, sich von ihrem alten, toxischen Freundeskreis inklusive mir zu lösen. Mit guten und schlechten Energien kann man quasi alles rechtfertigen.

»Ich wusste schon eine ganze Weile, dass ich so nicht mehr leben will und Ängsbacka hat mir endgültig die Augen geöffnet.«

»Ängsbacka?«, frage ich nach.

»Naja, ich war ja immer eifersüchtig, weil Torben auch als Tantra-Lehrer arbeitet. Er hat das runtergespielt und gemeint, die Eifersucht sei kindisch. Ich müsse nur auf ein höheres Energielevel kommen, bla, bla. Auf jeden Fall habe ich darauf bestanden, mit ihm und Karina zum Festival nach Ängsbacka zu fahren.«

»Oh Mann! Du warst echt beim Tantra-Festival?«

»Zum Glück! Wäre das nicht gewesen, würde ich jetzt wahrscheinlich immer noch in der Bruchbude 'ne knappe Stunde von München entfernt hocken und Räucherstäbchen anzünden.«

Sie trinkt einen großen Schluck Hugo aus der Flasche.

»Ich hab neuerdings Sektgläser«, prahle ich stolz, aber sie nimmt schon den zweiten, ohne den Hugo vorher in eines meiner neuen Errungenschaften einzuschenken.

»Tantra ist grundsätzlich 'ne coole Sache«, erklärt sie mir. »Man geht nur so weit, wie man möchte. Aber was Torben da abzieht, geht gar nicht.«

»Der hat was mit Karina, stimmt's?«

»Wäre schön, wenn es nur Karina wär.« Sie nimmt einen dritten Schluck.

»In Schweden war er ständig verschwunden. Die ersten zwei Festival-Tage habe ich ihn kaum zu Gesicht bekommen, obwohl wir zusammen da waren.«

»Und wo hat er gesteckt?«

»In so einem verdammten Lovetent!«

Ich muss schmunzeln. So hatten der heiße Belgier und ich damals im Spanienurlaub unser kleines, blaues Zelt genannt.

»Ich dachte echt, ich spinne. Da schau ich in dieses blöde Zelt, und da liegt der da echt auf so 'nem Liebeshaufen und fummelt an irgendwelchen Leuten rum.«

Ihre Stimme wird immer lauter und sie redet sich richtig in Rage.

»Pssst, sprich mal bitte einen Tick leiser. Sonst können die Andreas Scheuers aus der Nachbarschaft alles mit anhören.«

»Sorry, ich bin von dem bisschen Hugo schon total angetrunken. Alkohol hat der ja auch nicht erlaubt. Ich sitze seit 'nem Jahr auf dem Trocknen.«

Sie setzt die Flasche zum nächsten Schluck an.

»Hatte er in diesem Lovetent etwa einen Dreier?«, kann ich meine Neugierde nicht unterdrücken.

»Dreier? Dreier??? Die waren zu acht!!!«

Jetzt kann ich mich nicht mehr zusammenreißen und lache laut los.

»Anni, tut mir leid, dass der Typ ein Honk war, aber die Story ist sooo lustig.«

Anni schaut mich an und bleibt mucksmäuschenstill. Oh nein. Ich habe meine Freundin verletzt. Doch nach ein paar Sekunden Innehalten prustet auch sie los, und wir trinken den Hugo aus und gackern und rauchen Kette (obwohl wir ja eigentlich gar nicht rauchen!), so wie damals in Frankreich. Für die Story hat sich Annis tantrischer Ausflug auf jeden Fall gelohnt.

Dann klingelt es an der Tür. War ja klar.

»Nicht aufmachen!« flüstere ich. »Das ist hundertprozentig der Scheuer.«

Tipp 1: *Wenn der tantrische Meister deine Blockaden mit seinem Lingam aufspüren will – spüre lieber den Heimweg auf!*

Tipp 2: *Hinterfrage stets die Qualifikation deines Life-Coachs. Ein fundiertes Psychologiestudium ist für diesen Beruf hilfreicher als das Singen in einer Coverband.*

UNVERPACKT

Total verkackt

»Morgen, Schatz!«

Total verpeilt öffne ich die Augen und blinzle mein Gegenüber an. Es ist eisig im Schlafzimmer. Das Fenster steht weit offen und draußen dämmert der Morgen. Anni sitzt putzmunter auf meinem Bett und hält mir eine Tasse goldene Milch vor die Nase.

Unser Revival auf meinem Balkon ist schon drei Wochen her, aber meine beste Freundin ist immer noch da. Ihr temporärer Untermieter ließ sich nicht so einfach aus ihrer Wohnung vertreiben, in Tantra-Torbens Behausung wollte sie keinen Fuß mehr setzen und in München-Schwabing ist aktuell keine ältere Dame verstorben, die durch ihr Ableben für neuen Wohnraum hätte sorgen können, deshalb habe ich ihr vorübergehend Obdach gewährt. Weil ich das Ausmisten nach Marie Kondo immer noch aufschiebe, bietet meine Wohnung streng genommen kaum Platz für eine Person, trotzdem genießen wir die Zeit zu zweit in vollen Zügen. Wir hatten über ein Jahr lang keinen Kontakt und eine ganze Menge nachzuholen.

Es ist schön mit Anni. Sie ist ordentlicher als ich (auch wenn das keine große Kunst ist) und tagsüber ist sie kaum zu Hause. Ihre Suche nach einem Studiengang, den sie in den letzten fünfzehn Jahren noch nicht ausprobiert hat, war erfolgreich und so ist sie vor ein, zwei Wochen voller Tatendrang ins fünfundvierzigste Semester gestartet. Um ihre Eltern endgültig in den Wahnsinn zu treiben, hat sie sich dieses Mal für Kunstgeschichte und Ägyptologie entschieden. Als sie ihre Wahl am Telefon verkündete, hat ihr Vater leise geweint.

Von meinem Vorhaben, bewusster und nachhaltiger zu leben, war sie restlos begeistert. Auf diesen Zug ist sie schon vor einem Jahr aufgesprungen. Tantra-Torben hatte ihr nicht nur beim Küssen und Fummeln, sondern auch in Sachen Green Lifestyle und Ernährung ganz neue Welten eröffnet. Das Rezept für die goldene Milch stammt von ihm und es ist so gut, dass Anni trotz der Trennung immer noch jeden Morgen Kurkuma, Zimt, Ingwer und schwarzen Pfeffer in ihren Haferdrink rührt.

»Kurkuma ist echt der Knaller. Wenn du das jeden Tag zu dir nimmst, bekommst du eine Hammer-Mähne. Wie von allein«, hat sie gesagt, und nun trinken wir jeden Morgen brav unser Tässchen. Die Wirkung ist in der Tat beeindruckend. Mein Haar sieht nach kurzer Zeit viel voller und schöner aus als vorher. Blöderweise wirkt der Wachstumsbeschleuniger Kurkuma nicht nur auf dem Kopf, deshalb muss ich mir neuerdings alle drei Stunden die Augenbrauen zupfen und die Beine rasieren, sonst sehe ich aus wie ein Bär. Vorgestern bin ich tagsüber nicht zur Rasur gekommen. Als ich abends unseren Hausflur betrat, haben mich die Nachbarn nicht mehr wiedererkannt. Würde ich die Dosis erhöhen, könnte ich zeitnah in den Tierpark Hellabrunn umziehen und mietfrei im Affenhaus chillen. Dann hätte Anni meine Schwabinger Wohnung für sich.

Aber das ist bestimmt nicht ihr Plan. Sie ist in die Rolle der Lehrerin geschlüpft und hat es sich zur Aufgabe gemacht, mir in Sachen Achtsamkeit und Umweltschutz neue Impulse zu geben.

»Vergiss mal deine Öko-Kindheit. Heute ist das alles viel cooler! Warst du schon mal bei 'ner Fridays for Furture-Demo?«, fragte sie neulich, und ich hörte meine inneren Alarmglocken läuten. Dunkel erinnerte ich mich an meine letzte Protestaktion in Sachen Klimaschutz zurück. Sie fand 1990 statt und ich war zarte sechs Jahre alt. Der westdeutsche Kapitalismus hatte Einzug in unseren heimischen Thüringer Supermarkt gefunden, und plötzlich standen unzählige bunte, x-mal verpackte Produkte in den Regalen. Schokobons, Kinder Pingui, Bifi, Capri-Sonne, so weit das Auge reichte. Für mich war es das reinste Paradies, für meine Eltern der wahr gewordene Alptraum.

»So einen Plastikmüll kaufen wir nicht!«, riefen sie jedes Mal, wenn ich beim Passieren der

Süßwarenabteilung etwas langsamer wurde. Während sich im Einkaufswagen herkömmlicher Familien palettenweise die Fruchtzwerge stapelten, luden wir nur den im Glas verpackten Naturjoghurt in den Korb. Meine Eltern konnten das Elend nicht tatenlos mit ansehen und planten gemeinsam mit drei weiteren Jesuslatschenträgern (die einzigen verbündeten Ökos, die sie im Umkreis von dreihundert Kilometern auftreiben konnten) eine Demo vor unserer neuen Kaufhalle. Die Protestaktion fing verheißungsvoll an. Wir schnappten uns einen Einkaufskorb und ich durfte alles - wirklich alles! - hineinladen, was ich wollte. Dabei sollte ich lediglich darauf achten, die größtmöglichen Verpackungssünden zu wählen. Anfangs war ich zögerlich. Das konnte doch unmöglich Muttis und Vatis Ernst sein - vielleicht wollten sie mich nur testen. Doch die Eltern blieben dabei, und so begannen dreißig wunderbare Minuten meiner Kindheit. Mit strahlenden Augen griff ich zum allerersten Mal nach einzeln verpackten Frühstückshörnchen, dem Joghurt mit der Ecke, giftgrünen Lollis, dem Fruchttiger aus der Plastikflasche und sogar drei Überraschungseiern. Endlich war mein Leben so wie das der anderen Kinder. Ich war sehr, sehr glücklich. Doch schon kurz nach dem Bezahlen wurde es unlustig. »Jetzt packen wir alles aus und legen den Müll vor den Supermarkt, um zu zeigen, was für eine Wahnsinnsmenge sich da ansammelt«, sagte meine Mom. »In zehn Minuten kommt die Presse.«

»Die Presse« war eine Dame mit langen, manikür-
ten Fingernägeln nach ostdeutscher Art, drei Haar-
farben auf dem Kopf und einer provinziellen Bruno-
Banani-Duftwolke im Schlepptau. Zwar wusste ich
nicht genau, warum, aber als ich sie sah, ahnte ich
schon, dass die Sache nicht gut ausgehen würde, und
ich behielt recht. Der Müllberg vor der Einkaufshalle
häufte sich und wurde von Kunden und Mitarbeitern
argwöhnisch beäugt. Enthusiastisch wickelte ich
den grünen Lolli aus, warf das Papier auf den Haufen
und wollte ihn in den Mund stecken. Kurz bevor ich
in den Genuss des süßen, klebrigen Lutschers kam,
nahm ihn mir meine Mutter aus der Hand.

»Iiiih! Da sind doch nur künstliche Farbstoffe
drin«, rief sie und versorgte mich stattdessen mit
einem selbst gebastelten Transparent. Darauf waren
die Erde mit einem traurigen Gesicht und sehr, sehr
viel Plastikmüll abgebildet. Widerwillig posierte ich
damit vorm mahnenden Müllberg, und Karla Ko-
lumna für Arme drückte ein paar Mal unmotiviert
auf den Auslöser. Meinen ersten Modeljob hatte ich
mir wirklich anders vorgestellt.

Unsere Demo kam nicht so gut an wie von meinen
Eltern erhofft. Niemand in der ostdeutschen Provinz
schien die Ernsthaftigkeit der Aktion zu erkennen.
Unverpacktläden gab es zu dieser Zeit noch lange
nicht. Die Menschen standen auf Tetrapacks und
Plastiktüten. Nachdem sich der Filialleiter zweimal beschwert und beim dritten Mal mit der Polizei

gedroht hatte, brachen wir ab. Am nächsten Morgen machte uns das heimische Wurstblatt zur Titel-story: »Umweltschützer schmeißen ihren Müll vor den Supermarkt« - darunter das Foto von mir und meinem Transparent vor dem Haufen Plastik. Ich traute mich drei Tage lang nicht in die Schule und schwor mir, dass dies die letzte Protestaktion meines Lebens war.

Jahrzehntelang habe ich mich an meinen Vorsatz gehalten - bis letzten Freitag. Gemeinsam mit kli-maneutralen Abiturienten haben Anni und ich bei Fridays for Future demonstriert und einen Mords-spaß dabei. Es war herrliches Wetter und wir hatten Bier gekauft.

»Die Erde rettet sich am besten, wenn man leicht einen sitzen hat«, erklärte meine Freundin grinsend, und wir verbrachten einen lässigen Nachmittag mit einer Horde leicht angetrunkener Möchtegern-Akti-visten. Ich tat es den anderen gleich und machte eine kurze Insta-Story, um meinen Followern mein Enga-gement zu demonstrieren, und erntete viel Lob und Herzchen. Ob diese Horde sich auch bei einstelligen Temperaturen und Nieselregen für den Planten ein-setzen würde, sei mal dahingestellt. Für uns war das auf jeden Fall nicht die letzte Freitagsdemo. Wenn das Wetter mitspielt, schauen wir bald wieder vorbei.

»Guten Morgen!« murmle ich verschlafen und greife nach der Tasse. »Kannst du mal das Fenster schließen, bitte?« Es ist Anfang November und wir haben den ersten Frost.

»Lass uns lieber die Bude in Ordnung bringen. Deine Eltern kommen doch heute Abend!«, werde ich von meiner übermotivierten Freundin erinnert.

»Anni! Es ist kurz vor sieben! Lass mich erst mal wach werden.«

»Na gut. Aber in den Unverpacktladen kommst du dann schon mit, oder?«

Anni ist großer Fan der neuen verpackungsfreien Supermärkte und wollte mir ihren Stammladen unbedingt zeigen. Ich war begeistert, vor allem vom Gedanken, heute Abend vor meinen Eltern mit meiner guten Tat für die Umwelt zu prahlen.

»Klar, war doch so ausgemacht. Darf ich jetzt noch ein Stündchen weiterschlafen?«

»Okay, ich mache Sport und danach geht's los.«

»Jaja, bis gleich.«

Ich ziehe mir die Decke über den Kopf und mache es mir noch einmal schön muggelig. Wo nimmt diese Frau bloß den ganzen Elan her? So frisch getrennt mit Anfang dreißig und ganz ohne eigene Bude, da müsste sie doch eigentlich 24/7 in einem abgedunkelten Raum vor sich hindümpeln, Eiscreme essend netflixen und rumheulen, weil der Tinder-Typ vom letzten Wochenende nicht zurückschreibt. Während ich darüber nachdenke, überrollt mich ein müder Schauer und ich schlafe ein. Als ich erwache ist es 12.30 Uhr. Mist.

»Anni, wo steckst du? Wir wollten doch in diesen Laden«, tippe ich in mein Handy.

»Bin in der Uni. Du hast so süß geschlafen. Wollte dich nicht wecken.«

»Wollen wir jetzt dort hingehen? Ich kann dich in einer halben Stunde abholen.«

»Sorry, kann hier nicht weg. Wir bereiten die Erstsemesterparty vor.«

»Deine wievielte Erstsemesterparty ist das noch mal? ;)«

»Mööp!«

»Dann geh ich halt alleine. Soll ich dir was mitbringen?«

»Japp. Mein Hirsemüsli, diese glutenfreien Nudeln und frisches Kurkuma. Merci :-*«

»Okay, bis später :-*«

So unkompliziert meine Freundin auch ist – bei der Ernährung ist sie ein richtig schwerer Fall. Neben der obligatorischen Laktoseintoleranz pflegt sie eine Glutenunverträglichkeit, und der Verzehr einer Erdnuss kann bei ihr zum frühen Tod führen. Vegetarierin ist sie seit ihrer Kindheit, und auch was das Obst- und Gemüse-Sortiment angeht, sind nur wenige Dinge bekömmlich. Das einzige, was Anni wirklich immer gut verträgt, ist Alkohol. Vom Aperol Spritz über Prosecco bis hin zum giftgrünen Pfeffi ist alles erlaubt. Auch die abendlichen Mentholzigaretten machen ihr absolut nichts aus. Meine vorsichtige Nachfrage, ob ein einfaches Frühstücksbrötchen nicht harmloser sei als drei Moscow Mule und eine Ladung Nikotin, wurde abgewehrt. Anni wisse selbst, was am besten für sie und ihren Körper ist. Damit war das Thema erledigt. Mir soll's recht sein. Ich bin heilfroh, wenigstens noch eine Freundin in meinem Alter zu haben, mit der man frohen Mutes leichte Wanderdrogen verzehren kann. Generation Rhabarberschorle? Nicht mit uns!

13.10 Uhr

Voll motiviert erstelle ich mir eine Einkaufsliste, schnappe meinen schicksten Jutebeutel und mache mich auf zum verpackungsfreien Supermarkt in der Münchner City. Selbstverständlich mit dem Rad. Wer sich freiwillig mit dem PKW durch den Innenstadtverkehr quält, hat einen echten Dachschaden. Mein Scheuer-Nachbar fährt täglich mit seinem Porsche in seine neunhundert Meter entfernte Unternehmensberatungsfirma – da hätte mir gleich klar sein müssen, dass der Typ nicht ganz knusper ist.

13.30 Uhr

»OHNE« steht in großen Buchstaben über dem Laden. Sieht alles ziemlich schick aus, gar nicht nach einer muffigen Demeter-Bude, wie ich mir das vorgestellt hatte.

Als ich den Supermarkt betrete, werde ich von einem freundlichen Verkäufer begrüßt, der in den letzten Wochen vermutlich zu viel Karottensaft konsumiert und somit eine irritierend orangene Farbe angenommen hat.

»Joa servus! Waosra uama duampa hullaradri-ooo?« Verdammt! Bei dem netten Mitarbeiter handelt es sich um einen Bavarian Native Speaker. Trotz meines zehnjährigen Daseins als Wahlmünchnerin ist es mir nicht möglich, die Geheimsprache der Locals zu entschlüsseln. Ich tue das, was ich in solchen Situationen immer tue: Ich schenke meinem Gegenüber ein strahlendes Lächeln.

»Hallo! Ich schau mich erst mal um«, füge ich noch hinzu.

»Humbaswaida oidana oavadinadei«, sagt der Verkäufer und deutet auf einen Aussteller mit Dosen und Schachteln.

»Mhm«, strahle ich ihn an, schnappe einen Korb und mache mich bereit für den Einkauf.

Begeistert inspiziere ich das erste Regal. Hier gibt es unzählige Müsli- und Getreidesorten, allesamt bio und hübsch drapiert. Anders als im herkömmlichen Supermarkt wird komplett auf Verpackungen verzichtet. Man kann sich die gewünschte Menge aus den einzelnen Behältern entnehmen, abwiegen und am Ende ganz normal an der Kasse bezahlen. Auf Anhieb entdecke ich Annis Hirsemüsli. Als ich eine ordentliche Portion davon mit nach Hause nehmen will, fällt mir plötzlich auf, dass ich keine Dose dabeihabe. Die Frau neben mir, offenbar ein Profi, füllt sich derweil eine Ladung Schokoflocken in einen stylischen Edelstahlbehälter, und ich komme mir ein bisschen blöd vor. Überlege kurz, einfach alle Lebensmittel meiner Einkaufsliste zusammen in den Jutebeutel zu kippen, entscheide mich aber dagegen. Jetzt weiß ich, was der oberbayrische Möhrenmann gemeint hat: Ich muss mir vom Aufsteller neben dem Eingang zuerst die passenden Behältnisse aussuchen. Voller Elan wende ich mich den wiederverwendbaren Gläsern und Dosen zu. Moment mal - ein simples Einmachglas wird hier für 6,90 € gehandelt. Da ich auch nach eindringlicher Inspektion keine Blattgoldverzierung entdecke, kann ich mich nicht zum Kauf durchringen. Da fällt mir ein, dass Anni immer ihre eigenen Tupperdosen mitnimmt. Ich schwinge mich kurzerhand aufs Rad und düse zurück nach Hause.

14.20 Uhr

In meiner Küche tobt das Chaos. Verzweifelt durchforste ich meine Schränke nach passenden Behältern und werde einfach nicht fündig. Da meine Liebe zum Marmeladekochen und Obsteinwecken immer noch nicht entflammt ist, befindet sich in meinem Hausstand kein einziges dafür geeignetes Glas. In Annis Behältnissen ist überall etwas drin, und die einsame, leere Kaffeedose, die ich ganz hinten im Schrank entdecke, ist so keimig, dass ich sie kurzerhand zum Blumentopf erkläre. Langsam bin ich genervt. Nachher kommen meine Eltern, und mir rennt die Zeit davon.

14.52 Uhr

Zurück bei »OHNE«.

»Joa servus! Waosra uama duampa hullara-driooo?«, posaunt mir der orangefarbene Verkäufer entgegen und deutet erneut auf seinen Aufsteller. Offensichtlich hat er mich nicht wiedererkannt. Karotten sind wohl doch nicht so gut für die Augen, wie man immer sagt. Resigniert packe ich vier überteuerte Einmachgläser in meinen Korb und dringe ins Innere des Ladens vor. Jetzt muss es schnell gehen. Erste Station: Getreidemüsli. Wie ein alter Hase im Zero-Waste-Business öffne ich mein Behältnis, um eine Ladung Frühstücksflocken einzufüllen. Ups! Die Hälfte ist auf dem Boden gelandet. Zum Glück mümmelt der Möhrchentyp gerade konzentriert an seinem Lieblingsgemüse. Das verschafft mir Zeit, um die Sauerei zu beseitigen. Unauffällig kehre ich das Müsli mit dem linken Fuß unters Regal und ziehe weiter in Richtung Dinkelnudeln. Hier klappt das Einfüllen reibungslos. Beim Entnehmen des Kurkumapulvers bin ich besonders vorsichtig, bis eine bekannte Stimme hinter mir ertönt.

»Hautswaidanu?«

Erschrocken drehe ich mich um. Dabei landet eine ordentliche Prise des goldgelben Gewürzes auf meinem weißen Lieblings-T-Shirt.

»Mann! Das geht nie wieder raus!«, rufe ich empört und fange beinahe an zu heulen. Ich habe das Shirt schon seit viele Jahren. Der heiße Belgier hat

es mir damals im Surfer-Outlet in Südfrankreich gekauft. Das oberbayrische Möhrchen guckt schuld-
bewusst aus der Wäsche. Dann deutet er auf das
Müsliregal und die kleine, feine Cerealien-Spur, die
sich am Fußboden entlangzieht.

»Hauwads diana uampa?«

»Tut mir leid. Jetzt sind wir quitt!«

Ich habe das Bedürfnis, den Laden zeitnah zu verlassen und streiche die Programmpunkte Mehl und
Hafermlich von meiner Liste. Jetzt wird sich nur
noch um die essenziellen Dinge gekümmert. Ich lade
drei Flaschen Bio-Wein in meinen Korb und stelle
mich an der Kasse an.

15.33 Uhr

Als ich meine gefüllten Gläser aufs Band stelle, meldet sich der Möhrenprinz wieder zu Wort.

»Uampa badsduana dingua!«

»Wie bitte?« frage ich ungeduldig.

»Uampa badsduana dingua!«

Ach so, ich habe vergessen, die Sachen zu wiegen.
Hinter mir hat sich bereits eine Schlange gebildet.
Hastig renne ich zurück, um diesen ungemein wich-
tigen Schritt nachzuholen.

16.03 Uhr

Bin zu doof zum Abwiegen und kurz vorm Verzweifeln. Diese verdammte Waage macht einfach nicht,
was ich will.

16.05 Uhr

Ich lasse meinen Korb stehen und verlasse fluchtartig den Laden.

16.06 Uhr

SMS von meinen Eltern: »Wir brauchen nicht mehr
lang. Haben großen Hunger.«

16.10 Uhr

Ich betrete den nahgelegenen Edeka. Dann befülle
ich meinen Einkaufskorb mit Nudeln, Müsli, Mehl
und Kurkuma.

16.30 Uhr

Ich gehe zu dm und suche mir vier passende Gläser
aus.

16.40 Uhr

Jetzt schnell nach Hause, alles umfüllen, Verpackungsmüll beseitigen – zack, fertig! Anni und
meine Oldies werden stolz auf mich sein.

17.01 Uhr

Auf der Straße vor meiner Haustür liegt ein Meer
aus Scherben. Der Scheuer ist mit seinem prolligen
Poser-Porsche in einem Affenzahn aus der Tiefga-
rage gebrettert, und ich konnte nicht mehr brem-
sen. Mir ist nichts passiert, aber die Gläser sind alle
futsch.

»Mensch, das tut mir leid!«, sagt er entschuldigend und steigt aus dem Wagen.

»Soll ich dir helfen, die Scherben wegzuräumen?«

»Ähm, JAAA?!?«

Zwei Minuten später steht er mit Besen und Kehrblech bereit. Gemeinsam beseitigen wir das Chaos. Irgendwann fängt er an zu lachen.

»Sag mal, wie siehst du eigentlich aus? Hast du dir die Haare heute mit Currypulver gewaschen?«

Da fallen mir die Kurkumaflecken auf meinem Lieblingsshirt wieder ein. Und zu allem Überfluss ist mein schöner Beutel jetzt auch noch ruiniert.

»Kannst alleine weiter kehren«, sage ich und mache mich vom Acker.

»Warte doch mal! Wollte dich noch was fragen. Wer ist denn deine hübsche Freundin, die neuerdings hier wohnt?«

Er besitzt wirklich die Dreistigkeit, in dieser Situation nach Anni zu fragen.

»Kannst du vergessen. Die steht nicht auf Porschefahrer. Kauf dir lieber ein Rad«, motze ich und verkrümle mich in meine Wohnung.

18.00 Uhr

Anni ist nach Hause gekommen. Sie hat mir aus der Patsche geholfen und auf ihrem Heimweg im Unverpacktladen Halt gemacht. Auf dem Tisch stehen zahlreiche Dosen und Gläser mit leckeren Sachen drin.

94

18.15 Uhr

Nun sind auch meine Eltern eingetroffen. Stolz präsentiere ich ihnen meinen Einkauf und sie sind sichtlich beeindruckt.

19.10 Uhr

Der Scheuer klingelt. Anni macht auf. Er hält einen Fahrradhelm in der Hand.

Nächster Morgen

Als ich aufwache, ist Anni nicht da. Ich finde einen Post-it mit einer Nachricht von ihr: »Bin beim Nachbarn. Der hat 'ne Dachterrasse mit Whirlpool ;)«

Seit diesem Tag habe ich meine Wohnung wieder für mich.

Tipp 1: *Unverpacktläden kann ich dir wärmstens empfehlen! Nach den ersten fünfundsiebzig Einkäufen bist du Profi.*

Tipp 2: *Suche dir vorher einen Job als Patentanwält*in oder Unternehmensberater*in, damit du dir die verpackungsfreien Produkte auch leisten kannst.*

ACHTSAME MOMBLOGGER
Stoffwindeln mit Montessori-Mathilda

Meine liebe Mathilda, mein wunderbarer Benedict-Hector! Bevor ihr vor sechs Tagen und 13,5 Stunden in unser Leben getreten seid, hatten wir keine Ahnung, welch großes Glück uns zu Teil wird. Ihr habt unsere Erde in einem ganz besonderen Licht erblickt. Es war das Licht des Neumonds und wir – eure euch bis zur Unendlichkeit liebenden Eltern – werden euch von nun an wertschätzend, warmherzig und bedürfnisorientiert durchs Leben begleiten. Herzlich willkommen, ihr zauberschönen Mondkinder. Es ist mir eine Ehre, eure Mama zu sein <3 #blessedlife #momoftwo #bedürfnisorientiert #newborn #twins

PS: Gerade jetzt strahlt Luna sanft durch unser Dachfenster, und ihr Schein und das beruhigende Surren der elektrischen Milchpumpe von @medela lässt euch satt und selig schlafen. zzz

PPS: Wer die Milchpumpe von @medela noch diese Woche bestellt, bekommt mit dem Code monasmondkinder2019 35 % Rabatt. #bezahltewerbung

Verdattert blicke ich auf mein Handy. Wer ist denn so verzweifelt, dass er solch ein pseudoemotionales Geschwurbel verfasst und das auch noch postet?! Und warum zur Hölle erscheint es in meinem Instagram-Feed? Das dazugehörige Bild zeigt vier winzige, faltige Füßchen auf einer beigefarbenen Bio-Baumwolldecke. »MonasMondkinder« heißt der Kanal, und jetzt wird mir einiges klar. Den habe ich tatsächlich eigenhändig abonniert. Allerdings vor fünf Jahren, als er noch »Monataurus« hieß. Meine Freundin Mona legte damals eine steile Karriere in Berlins bekanntester Werbeagentur hin und ihre Social-Media-Inhalte drehten sich rund um sehr weit entfernte Urlaubsziele, die sich nicht jeder leisten konnte, und hippe Dachterrassen-Partys, zu denen nicht jeder eingeladen war. In ihren Insta-Storys war sie nie so ganz nüchtern, dafür aber sehr laut, sehr lustig und hundertprozentig authentisch. Am liebsten posierte sie mit einem Getränk in der Hand auf riesigen Schwimmtieren aus Plastik, wahlweise im Pool oder am Privatstrand auf den Malediven.

Anfangs kam ihre hedonistische Plitschi-Platschi-Fotokunst gut bei der Community an. Mona jettete von Insel zu Insel und konnte sich auf Kosten unseres Klimas einen beachtlichen Fankreis von 18000 Followern aufbauen. Sogar die ersten Kooperationen zog sie an Land. 2018 sind »Monataurus« und Manuel für kurze vierundzwanzig Stunden nach Dubai geflogen, weil die Übernachtung für

Infaulenzer kostenlos und der Strand optimal zum Shooten war. Blöderweise tauchte zeitgleich die junge Klimaaktivistin Greta Thunberg auf der Bildfläche auf und vermieste den Lifestyle-Bloggern die Freude am Plastikmüll und den Langstreckenflügen. Monas Foto aus Abu Dhabi, auf dem sie Mojito trinkend mit einer riesigen Flamingo-Schwimminsel schmuste, brachte ihr nicht die erhofften 20k ein, sondern löste stattdessen ihr erstes persönliches Shitstürmchen aus. Ich hatte das Bild damals trotzdem geliket. Einfach so, weil Mona meine Freundin war und ich die Fotos meiner Freunde grundsätzlich immer like.

Befreundet sind wir nach wie vor – aber bei ihrem neusten Text über die Geburt der Zwillinge fällt mir der Klick aufs Herzchen verdammt schwer. »Herzlich willkommen, ihr zauberschönen Mondkinder« – bei solchen Formulierungen werde ich nicht rührselig, es steigt viel mehr eine leichte Übelkeit in mir auf. Ich versuche es mit einem auflockerndem Kommentar:

»Cool, können die Zwillinge etwa schon lesen? #hochbegabtundso«

Kann man ja mal fragen. Immerhin war es vor allem die persönliche, an die Babys gerichtete Anrede, die mich an Monas Schreibweise am meisten irritierte. Die übrigen Reaktionen unter dem Minifüßchen-Foto lassen mich beinahe vom Glauben abfallen. Wie können vier faltige kleine Flossen derartige

Begeisterungsstürme auslösen? Monas Follower-zahl liegt aktuell und zum allerersten Mal bei 20,3k. Über tausend Menschen haben beim Füßchen-Bild auf »Gefällt mir« geklickt und stolze 128 Leute haben mit einem kurzen Text oder vielen kitschigen Herzchen reagiert.

»Möge der Mond deine Wunder beschützen«, schreibt Lisa_Leben_Lachen_86, und Annabelles. Welt wünscht den Mondkindern viel Wärme und Frieden und unbehandeltes Holzspielzeug. Ich kann hier unmöglich weiterlesen, sonst muss ich brechen.

In den nächsten Tagen läuft Mona zu Höchstformen auf. Kein Tag vergeht ohne Mondkinder-Update. Das Momblogger-Business in Kombination mit den zwei frisch geschlüpften Babys scheint verdammt zeitintensiv zu sein, denn meine drei Anrufe und die zwei Nachrichten, in denen ich den frisch gebackenen Eltern gratulieren und mich nach ihrem Befinden erkundigen wollte, blieben bisher unbeantwortet. Ist aber halb so wild. Ich weiß sowieso schon alles von Instagram. Mona hat ihren Kanal komplett umgekrempelt. Die alten Bilder von den Plastikflamingos und aus der Lufthansa Business Lounge wurden gelöscht. »Monataurus« gehört der Vergangenheit an. Jetzt gibt es nur noch die achtsame Mondkinder-Mama. Ihre Profilbeschreibung ist brandneu. Früher stand dort ein knackiges BÄM, ein Prosecco-Emoji und eine Palme. Heute findet man folgenden Text:

MonasMondkinder – Unser grünes Familienleben im Rhythmus der Jahreszeiten. Ganzheitliche Kräuter- und Mondliebe #waldorf #montessori #achtsamkeit #zuckerfrei #vegan #bedürfnisorientiert #liebe

Auf dem aktuellsten Bild halten Mathilda und Benedict-Hector ihre Hintern in die Kamera, um Mami das passende Foto zum Thema Stoffwindeln zur Verfügung zu stellen. Mit Erfolg – die Follower sind begeistert. Wenn man den Kommentaren Glauben schenken kann, wickelt ein Großteil von Monas umweltbewusster Anhängerschaft selbst mit Stoff oder möchte es zumindest ausprobieren. Eine gute Sache, finde ich. Bin kurz davor, den Rabattcode für die süßen Überhosen einzulösen. Ob die Zwillinge als Erwachsene begeistert davon sein werden, dass sie im zarten Alter von vier Wochen schon Arschmodel waren, wage ich allerdings zu bezweifeln. Was denkt sich meine Freundin bloß dabei? Sie teilt die intimsten Momente und Bilder ihres Familienlebens mit bald 30 000 Wildfremden. Würde sie ihren Lieblingshashtag #bedürfnisorientiert etwas ernster nehmen, wäre sofort Schluss mit dieser sozialmedialen Entgleisung. Denn kein noch so kleiner Mensch hat das Bedürfnis, philosophische Texte über sein großes Geschäft im Internet zu finden. Leider scheinen das die likegeilen Eltern der Zwillinge noch nicht geblickt zu haben, denn – schwups – folgt schon der nächste Post:

Meine liebe Mathilda, mein wunderbarer Benedict-Hector! So wie ihr mit dem Mond wachst, so wachsen wir - eure euch bis zu den Sternen und zurück liebenden Eltern - mit euch gemeinsam. Ich habe es mir etwas leichter vorgestellt. Alles sollte perfekt sein. Aber das ist es nicht. Meine Brustwarzen schmerzen vom permanenten Stillen, ich habe seit Bier Wochen kaum länger als zwei Stunden am Stück geschlafen und unser Zuhause versinkt im Chaos. Aber wisst ihr, was wirklich perfekt ist? Was mich durchhalten und weitermachen lässt? Ihr, meine zauberschönen Mondkinder. Ihr seid perfekt und macht mich überglücklich <3

#blessedlife #momoftwo #newborn #stillmama #bedürfnisorientiert #twins

PS: Wenn auch ihr Probleme beim Stillen habt, empfehle ich euch die besonders sanfte, elektrische Milchpumpe von @medela.

PPS: Wer die Milchpumpe von @medela noch diese Woche bestellt, bekommt mit dem Code monasmondkinder2019 35 % Rabatt. #bezahltewerbung

In diesem Post hat sich ein kleiner Tippfehler eingeschlichen, der mich ungemein erheitert: »Seit Bier Wochen« - es müsste eigentlich »vier« heißen. Da kam wohl für ein Minisekündchen der alte »Monataurus« zum Vorschein. Das dazugehörige Bild ist leider gar nicht Monataurus-like. Mit »Chaos«

meint meine Freundin lediglich zwei über dem Sofa hängende Pullover, und den Schlafmangel sieht man ihr dank Filter überhaupt nicht an. Die Mission »Fishing for Compliments« ist ihr auf jeden Fall geglückt, denn schon wieder hat die Mondkindermama die Follower auf ihrer Seite. Über hundert Leute sprechen ihr Mut zu:

»Meine Liebe! Es ist nicht einfach, aber Durchhalten lohnt sich. Ich habe damals auch wochenlang abgepumpt, bevor mein kleiner Oscar von der Brust trinken wollte, und ich habe die schmerzhafte und schlaflose Zeit nie bereut. Hast du für deine wunden Brustwarzen schon mal den veganen Brotaufstrich von Rapunzel probiert? Oder einfach ein wenig Teebaumöl? Alles Liebe und viel Kraft, deine Annabelles.Welt.«

Auweia. Die Zwillinge tun mir jetzt schon leid, wenn sie sich zukünftig erst durchs Teebaumöl schlabbern müssen, bevor sie zur Quelle vordringen. Hoffentlich steht der Mond heute günstig für einen gelungenen Milcheinschuss und eine geruhsame Nacht, sonst probiert Mona diese fragwürdigen Tipps ihrer unqualifizierten Community am Ende wirklich noch aus.

Ich rechne nicht mit einer Antwort, verfasse aber trotzdem eine weitere WhatsApp-Nachricht an meine frisch gebackenen Eltern-Freunde. Ich will einfach wissen, was in ihrem Leben abseits von Social Media abgeht:

»Monaaa! Ich hab dir schon Bier Mal geschrieben – hehe. Wie geht es euch mit den Babys? Die sind ja total süß. Meldet euch mal!«

Prompt klingelt mein Handy. Es ist Mona. Ich bin überrascht:

»Meine Liebe! Jetzt schaffen wir es endlich. Seit der Geburt bin ich einfach zu gaaar nichts gekommen.«

Den Kommentar, dass sie seit der Geburt zu über zwanzig Instagram-Posts gekommen ist, verkneife ich mir. Stattdessen nehme ich ihre Entschuldigung an. Mit sehr, sehr leiser Stimme (die Zwillinge nuckeln gerade an den Hupen), plaudert die frisch gebackene Mutti aus dem Nähkästchen. Bei ihrem sogenannten Geburtserlebnis kommt sie regelecht ins Schwärmen. Sie ist mächtig stolz darauf, die beiden Racker auf natürlichem Wege zur Welt gebracht zu haben. Das ist bei Zwillingsgeburten wohl nicht selbstverständlich. Abschätzig spricht sie über unsere gemeinsame Bekannte Marie, die den kleinen Luis doch tatsächlich per geplantem Kaiserschnitt hinausbefördert hat.

»Mal ganz ehrlich, die arme Marie wird nie eine richtige Bindung zu ihrem Kind aufbauen können, das ist doch traurig«, sagt sie mit gespielter Anteilnahme.

»Wäre sie nicht bei einer natürlichen Geburt verblutet?«, merke ich an. »Das wäre ja dann auch ziemlich traurig.«

Mona überhört meinen Einwurf. Sie ist viel zu sehr damit beschäftigt, aus ihrem fabelhaften Mama-Alltag zu berichten. Manu und sie scheinen alles fest im Griff zu haben. Vaddi macht den Haushalt und wickelt, Mona füttert die Schreihälse. Und dann fragt meine Freundin plötzlich aus heiterem Himmel, ob ich Mathildas Patentante werden will.

»Unbedingt!«, rufe ich ohne zu zögern ins Telefon. In Gedanken suche ich bereits nachhaltig produzierte Babykleidung und Kinderspielzeug ohne Mikroplastik aus, um den Öko-Eltern zu beweisen, dass ich es als Patin so richtig drauf habe. Natürlich plane ich für mein Patenkind auch ein paar Ausnahmen. Wenn Mathilda mich in München besuchen wird, werde ich ihr heimlich Kinderschokolade zustecken, ihr die Nägel lackieren und wir werden stundenlang mit Barbies Wohnmobil spielen. Dann kann ich endlich alles nachholen, was mir meine Eltern früher verboten haben. Als Alibi werden wir dann noch einen schlichten Traumfänger aus selbst gesammelten Federn basteln, den sie ihrer achtsamen Mondmama schenken kann. Ich komme aus dem Schwelgen gar nicht mehr raus. Mona und ich verabreden ein erstes Kennenlernen. Übernächstes Wochenende werde ich mein Patenkind in Berlin besuchen.

»Huhuuu! Hier bin ich! Probier mal!«

Denis läuft strahlend auf mich zu und hält eine Edelstahldose in der Hand. Wir haben uns am Gleis drei des Berliner Hauptbahnhofs verabredet. Zur Begrüßung umarmt er mich so fest, dass einige seiner selbst getrockneten Tomaten auf den Boden fallen. Bevor ich mich wehren kann, hebt er eine von ihnen auf und steckt sie mir in den Mund.

»Dreisekundenregel. Die sind aus meinem Garten, viel zu schade zum Wegwerfen«, gluckst er und schaut mich erwartungsvoll an.

Grundsätzlich esse ich lieber Sachen, die vorher nicht auf dem schmutzigen Bahnhofsboden gelegen haben, aber sie schmecken wirklich ganz lecker. Es ist schön, meinen Wahlbrandenburger wiederzusehen. Mona und Manuel haben ihn zum Patenonkel von Benedict-Hector auserkoren, und er hat sich genauso darüber gefreut wie ich. Wir nehmen die S-Bahn zum Alexanderplatz, und Denis hält mich freundschaftlich im Arm, so wie früher.

»Bist du auch so aufgeregt wie ich?«, fragt er, und ich erzähle ihm, wie ich einen ganzen Tag lang mit der Suche nach einem passenden Geschenk verbracht habe. Mir war klar, wie wichtig das ist. Wer sein Patenkind im Prenzlauer Berg versehentlich mit einem Plastikspielzeug überrascht, wird nie wieder eingeladen. Letztendlich wurde ich fündig und habe mich für einen sehr niedlichen Wal aus Bioplüsch und einer bunten Rassel aus Holz entschieden. Ganz nebenbei werde ich der kleinen Mathilda ins Ohr flüstern, dass sie zu ihrem dritten Geburtstag ein richtig cooles Polly Pocket bekommt.

»Was hast du denn für den Kleinen gekauft?«, möchte ich von Denis wissen.

»Gekauft? Wieso gekauft? Ich habe ihm eine ganz niedliche Puppe gebastelt.«

Ich muss laut lachen: »Du hast gebastelt? Und dann auch noch eine Puppe? Was ist bloß los mit dir?«

»Ich wusste, dass du dich darüber lustig machst. Gleich wirst du staunen …«

Stolz zieht er ein in Wachspapier verpacktes kleines Ding aus seinem Jutebeutel. Nachdem er es andächtig ausgewickelt hat, betrachte ich sein Werk. Bei der sogenannten »Puppe« handelt es sich um eine Holzkugel mit einem daran befestigten, beigefarbenen Stück Stoff. Mehr nicht. Baby Born für Arme, würde ich sagen. Weil er seine Bastelarbeit offenbar richtig gelungen findet, möchte ich ihm die Freude nicht nehmen. Natürlich ist mir klar, dass mein Plüschwal in Sachen Geschenke das Rennen machen wird. Nachdem wir am Alexanderplatz ausgestiegen sind, schlendern wir gemütlich in Richtung Kollwitzkiez. Es ist ein ungewöhnlich warmer Novembertag, und ich habe mich bei Denis untergehakt.

»Bin so gespannt, die beiden als Eltern zu erleben«, meint er nachdenklich. »Kann mir das noch gar nicht so richtig vorstellen.«

»Dank Instagram kann ich mir das ziemlich gut vorstellen«, entgegne ich.

»Wie? Instagram?«

»Hast du nicht ›MonasMondkinder‹ abonniert?«

»Was meinst du?«

»Na, den Instagram-Kanal von Mona und den Zwillingen.«

»Ich habe gar kein Instagram.«

»Ach so, stimmt, du wohnst ja in Brandenburg«, witzle ich und Denis lacht mit mir. Zum Glück. Immerhin einer von den Öko-Hipstern, der noch Spaß versteht.

Als wir im Fahrstuhl zur Wohnung fahren, bin ich total hibbelig. Ich kann es nicht abwarten, mein Patenkind endlich im Real Life zu sehen. Bestimmt liegen die kleinen Zwerge gerade selig grinsend auf ihrer Decke, und Mona brüht derweil eine Kanne frischen Mondtee für uns auf. Manuel wird hübsch drapiertes, regionales Obst reichen und wenn die jungen Eltern heute ganz verrückt drauf sind, gibt es zu späterer Stunde vielleicht sogar noch ein kleines Gläschen Rotwein. Das wird schön.

Als sich die Fahrstuhltür öffnet, fühle ich mich zehn Jahre zurückversetzt. Die Bude meiner Freunde sieht aus wie Sau. Klamotten liegen auf dem Boden, alte Pizzakartons zieren das Sofa, der Frühstückstisch wurde nicht abgeräumt und überall stehen kleine Flaschen mit Milchresten herum.

»Uff«, sage ich, »hier schaut es ja aus, wie in eurer alten WG. Fehlt nur noch das leere, trübe Aquarium.«

»Da waren wirklich Fische drin!« Denis bleibt in Sachen Haustiere mit Kiemen auch nach Jahren beharrlich. »So schlimm sieht es doch gar nicht aus«, fügt der hoffnungslose Optimist noch hinzu. Ratlos warten wir im Eingangsbereich. Auch nach mehrmaligem Rufen nimmt uns niemand in Empfang. Beim Inspizieren des verwaisten Frühstückstisches, stoße ich versehentlich gegen eine offene Colaflasche und der bräunliche Inhalt breitet sich auf dem teuren Eichenparkett aus.

»Hast du gesehen, die kaufen noch Plastikflaschen, das hätte ich nicht von denen gedacht«, sage ich scherzhaft zu Denis und mache mich auf die Suche nach einem Lappen. Im Badezimmer werde ich fündig, aber von Mona und Manuel ist auch hier keine Spur. Plötzlich höre ich einen Knall. Es ist die Schlafzimmertür. Manuel kommt kreidebleich heraus und fällt mir erschöpft in die Arme. »Hallo meine Liebe«, seufzt er leise und mein erster Gedanke ist, dass er heute gar nicht leicht müffelt, so wie die letzten Male. Heute kann man getrost von Stinken sprechen. Aber warum? Die hocken doch die ganze Zeit zu Hause. Auf einem Festival, wo er drei Tage nicht duschen konnte, kann er sich in Anbetracht des Familienzuwachses nicht herumgetrieben haben. Es muss sich um die sogenannte Daddy-Duftwolke handeln, die frisch gebackene Väter umhüllt. Denis kommt zu uns und klopft unserem Freund auf die Schulter.

»Herzlichen Glückwunsch, mein Lieber! Hast auch schon mal besser gerochen.«

»Kommt erst mal mit ins Wohnzimmer.« So agil wie ein 83-Jähriger schlurft Manuel vor uns her in Richtung gute Stube. Wird Zeit, dass er einen anständigen Rückbildungskurs besucht. Er hat bestimmt fünfzehn Kilo zugenommen.

»Wollt ihr was trinken?«

»Was habt ihr denn da?«

»Leitungswasser, Cola und Zirbenschnaps von meinem Opa.«

»Die Cola hab ich grad verschüttet.«

Damit ist der Fall klar. Manuel räumt die offenen Babyfläschchen vom Couchtisch und stellt drei Schnapsgläser hin. Während mein Blick durch die chaotische Loftwohnung streicht, sticht mir eine einzige tipptopp aufgeräumte Ecke ins Auge. Dort hängt ein schlichtes Holzmobile mit Mond und Sternen, vor einer hübschen Kommode liegt eine stylische Babydecke und daneben steht ein undefinierbares, elektrisches Gerät, das mir irgendwie bekannt vorkommt. Ich wende mich an Manuel:

»Hat Marie Kondo keine Zeit mehr für die ganze Wohnung?«

»Da shootet Mona ihre Instagram-Posts.«

Jetzt geht mir ein Licht auf. Das erklärt das professionelle Fotoequipment. Vor der Babydecke stehen zwei Softboxen, die für die perfekte Ausleuchtung sorgen. Und jetzt weiß ich auch, woher ich das seltsame Elektrogerät kenne. Das ist die super sanfte Milchpumpe von Medela.

»MA-NU-EL!«, tönt es plötzlich aus dem Schlafzimmer. Manu zuckt zusammen.

»Die Frau treibt mich in den Wahnsinn«, zischt er
leise und trottet zurück zu seiner Holden. Jetzt melden sich die Mondkinder zu Wort und es wird laut in
der Bude. Denis und ich wissen nicht so recht, wie
wir uns verhalten sollen. Wir nippen verlegen am
Zirbenschnaps. Manuel kommt zurück und nimmt
einen ordentlichen Schluck aus der Flasche.

»Dauert noch«, sagt er, lässt sich auf das zuge-
müllte Designersofa fallen und klagt uns sein Leid.
»Es ist zum Verrücktwerden Ich schmeiße hier den
ganzen Haushalt und bemühe mich, und Mona ist
nur noch am Meckern. Sobald ich die Kleinen mal
nehme, mache ich angeblich alles falsch.«

Ich überlege, welchen Haushalt er genau meint,
den er da schmeißt. Vielleicht den der Nachbarn.

»Wir haben uns vor den Babys auch öfter mal
gestritten, aber seit der Geburt reden wir quasi gar
nicht mehr normal ...«

Er springt mitten im Satz auf, um erneut nach
den Schreihälsen zu sehen. Einsatz zeigen ist alles.
Ich nutze die Zeit, um Denis den letzten Post von
»MonasMondkinder« zu präsentieren. Er stammt
von heute Morgen und zeigt ein wunderschönes Fa-
milienfoto. Mona und Manuel sitzen mit den Zwillingen im Arm an einem Vorzeige-Frühstückstisch
und trinken Säfte, die verdammt gesund aussehen.
Sie schauen erholt und glücklich aus, die Babys

ebenfalls. Rosige Wangen, strahlende Augen und dazu abgestimmte Outfits in schlichten Naturtönen, selbstverständlich nachhaltig produziert. Dieses Bild verkörpert Harmonie, Vitalität und Freude, genauso wie der darunter stehende Text:

Meine liebe Mathilda, mein wunderbarer Benedict-Hector!

Dieses Foto ist heute Morgen ganz spontan entstanden. Euer Mondkinder-Papa hat mich mit einem super leckeren Frühstück überrascht, denn heute genau vor zehn Jahren sind wir ein Paar geworden. Ich kann mir keinen besseren Partner und Vater für euch beide vorstellen. Denn du, mein lieber Manuel, du bist mein Fels, mein Anker, einfach mein ein und alles. Ich liebe dich und unsere zauberschönen Mondkinder von ganzem Herzen. Auf die nächsten zehn Jahre mit dir und mit uns als Familie <3

#blessedlife #couple #lieblingsmensch #momoftwo #bedürfnisorientiert #newborn #twins

PS: Dank der fruchtigen Muntermacher von @PureOrganic kommen wir trotz Schlafmangel am Morgen problemlos aus dem Bett!

PPS: Wenn ihr noch heute bei @PureOrganic bestellt, erhaltet ihr mit dem Code MonasMondkinder 25 % Rabatt auf alle Säfte #bezahltewerbung

»Auf dem Bild stehen die Cola und der Schnaps gar nicht auf dem Tisch«, bemerkt Denis grinsend und liest sich verwirrt und amüsiert durch Monas Feed. »Und sie hat ganz vergessen zu erwähnen, wie der Mond damals stand, als sie mit Manuel zusammengekommen ist.«

Die Zwillinge geben im Schlafzimmer derweil richtig Vollgas und schreien sich durch die höchsten Lagen. So viel Zirbenschnaps kann man gar nicht trinken, um solche Frequenzen über einen längeren Zeitraum auszuhalten. Jetzt fängt auch noch die Mondmama an zu brüllen:

»Das ist alles deine Schuld, verdammt noch mal!«

Dann knallt zum zweiten Mal die Schlafzimmertür, und Manuel trottet wie ein geprügelter Hund zurück zum Sofa.

»Ich kann nicht mehr. Das ist wie im Irrenhaus. Ich komme nicht mal mehr zum Duschen. Die schlafen einfach nicht ein. Mona setzt sich erst zu uns, wenn sie sich beruhigt haben. Wann auch immer das sein wird«, schnauft er und versorgt uns mit einer weiteren Runde Hochprozentigem. Denis gibt mir mein Handy zurück und wendet sich dem müffelnden Mondkinder-Papa zu.

»Also, Mona schreibt doch eigentlich ganz schöne Dinge über dich. So schlimm kann es doch gar nicht laufen, oder?!«

»Hast du 'ne Ahnung«, schnauft er, »dieses Insta-Ding gibt mir den Rest. Jetzt muss ich mir auch noch ständig anhören, dass sie damit viel mehr Kohle verdient als ich in meinem Hundefutter-Vertrieb. Ich kann's bald nicht mehr hören.«

»Wie kommt sie eigentlich auf Mondkinder?«

»Sie brauchte ein Alleinstellungsmerkmal und wir fanden das mit dem Mond beide ganz nett. Es gibt inzwischen so viele Momblogger, da muss man sich irgendwie von der Masse abheben.«

Gespannt höre ich zu. Dass immer mehr Mutti- und Vati-Blogger dick im Geschäft sind, ist mir auch schon aufgefallen. Das ist ein praktischer Job, wenn man Kinder hat. Man bekommt alles geschenkt und hat seine Mitarbeiter direkt im Haus. Nach über einer Stunde kommt die vollkommen erschöpfte Neumondmama zu uns.

»Hallo, meine Lieben«, flüstert sie, »die beiden sind endlich eingeschlafen. Wenn sie aufwachen, könnt ihr sie kennenlernen.«

Dann fällt ihr Blick auf die Schnapsgläser und das leise Flüstern verwandelt sich in ein hysterisches Schimpfen:

»MA-NU-EL! Du sitzt hier rum und trinkst Schnaps? Das kann doch nicht dein Ernst sein! Solange wir stillen, ist Alkohol tabu!«

»Cool, du stillst auch?«, frage ich scherzhaft in Manuels Richtung, um die Situation zu entschärfen, aber es gelingt mir nicht. Bei dem Vorzeige-Instagram-Couple fliegen die Fetzen. Natürlich wachen davon die Zwillinge wieder auf.

»Jetzt kümmerst du dich, MA-NU-EL!«, keift Mona, und während Manu zu den Babys geht, schüttet sie den Zirbenschnaps in den Ausguss. Das Geschrei nähert sich, und plötzlich steht der frisch gebackene Papa mit den brüllenden Patenkindern vor uns.

»Könnt ihr sie nehmen? Wir haben was zu klären.«

Kaum hat er das gesagt, halten Denis und ich die Kleinen im Arm. Die Eltern verschwinden im Schlafzimmer, um das Best-of an Schuldfragen der letzten zehn Jahre zu klären, und dann ist endlich Ruhe. Die Mondkinder sind so verdutzt, dass sie mit einem Mal ihre kleinen, niedlichen Schnäbel halten und uns mit großen Augen anstarren.

»O Gott, ist der Kleine süß«, schwärmt Denis und bekommt glasige Augen.

»Die sind echt der Knaller. Ich würde Mathilda am liebsten mit nach Hause nehmen«, stimme ich mit ein.

An dieser Stelle muss ich zugeben, dass ich mir gar nicht ganz sicher bin, ob ich wirklich die kleine Mathilda im Arm halte. Die Zwillinge sehen sich zum Verwechseln ähnlich und es könnte sich genauso gut um Benedict-Hector handeln. Beide tragen hellgraue Unisex-Strampler, und nirgendwo steht Boy oder Girl drauf. Mona hatte im Vorfeld x-mal betont, dass ihr kein rosa oder babyblau ins Haus kommt, damit der Nachwuchs nicht falsch konditioniert wird. Ich hole den kleinen Plüschwal aus meiner Tasche und halte ihn Mathilda behutsam vor die Nase. Ihr Versuch, mit den kleinen Händchen danach zu greifen, ist nicht von Erfolg gekrönt, aber sie scheint Gefallen daran zu finden. Auch die süße, bunte Holzrassel findet Beachtung. Amüsiert schaue ich Denis dabei zu, wie er seine selbst gemachte Puppe auswickelt. Da er gleichzeitig den Kleinen auf dem Arm hat und das Köpfchen halten muss, dauert es eine Weile. Wie von mir vermutet, macht Benedict-Hector beim Betrachten seines besonderen Geschenks keine Luftsprünge.

»Die ist echt hässlich, stimmt's? Wenn ich das nächste Mal zu Besuch komme, bringe ich dir einen coolen Bagger mit«, flüstere ich ihm ins Ohr.

»Und ich werde dir was Schönes basteln. Davon hat deine Patentante nämlich keine Ahnung«, wispert Denis meiner kleinen Mathilda zu.

Wir grinsen uns an und ich finde, dass Denis ein verdammt cooler Öko-Onkel ist. In den meisten Fällen schließen sich ein anständiger Humor und eine nachhaltige Lebensweise aus - bei ihm kommt beides zusammen. Die Babys haben inzwischen gemerkt, dass ihre Eltern abhandengekommen sind und werden unruhig. Auch engagiertes Wippen und Schaukeln kann sie nicht davon abhalten, wieder in den Brüllmodus zu schalten. Mona kommt angerannt, schnappt die beiden und setzt sich zu uns.

»MAAA-NUUU-EEEL! Bring das Stillkissen mit!«, schreit sie, und schon kommt ihr Männchen

samt Polster angedackelt. Er drapiert das längliche
Kissen auf ihrem Schoß und darauf die Babys. Jetzt
gibt's Naschi-Naschi. Leider kommt es zu Kom-
plikationen mit Monas zeltartigem Oberteil und
dem sich darunter befindenden Still-BH. Hektisch
kämpft sie mit ihren veganen Mama-Klamotten,
während die Zwillinge das hohe C erklingen lassen. Ich kann das Geschrei voll verstehen. Wenn
man Hunger hat und nicht sofort an seine Nahrung
kommt, wird man schon mal aggressiv. Das Szenario wird immer surrealer. Laut schimpfend zieht,
zerrt und zuppelt die Mombloggerin an sich herum,
bis sie das Zeltoberteil kurzerhand über den Kopf
zieht und auf den Boden wirft. Auch der BH fliegt
im hohen Bogen davon. »Scheißteil!«, ruft sie ihm
hinterher und dockt die Zwillinge an. Augenblicklich ist es still. Man hört nur noch ein zufriedenes
Schmatzen. Mona sitzt oben ohne neben uns, und
Denis schaut ihr beseelt beim Nahrung spenden
zu. Dass er solch ein Naturschauspiel heute aus
nächster Nähe betrachten kann, hat er bestimmt
nicht vermutet.

»Die sind ja richtig gewachsen«, staunt er und
meint damit nicht die Kinder. »Es ist wirklich schön
bei euch!«, fügt er noch hinzu, und ich bin heilfroh,
dass sich Manuel bereits verkrümelt hat. Eine Eifer-
suchtsszene wäre die absolute Krönung des Tages
gewesen. Das Stillen macht unsere Mondmama so
müde, dass sie kaum einen Ton herausbekommt. Sie

gähnt am laufenden Band, bringt nicht mal mehr ihr obligatorisches »Meine Lieben« zu Stande und es wird Zeit für uns aufzubrechen. Als die Patenkinder satt und zufrieden sind, nehmen wir sie noch einmal auf den Arm, um uns zu verabschieden. Wir sind total verliebt in die Kleinen. Doch als ich Mathilda leise singend hin und her wiege, steigt ein unangenehmer Geruch zu mir auf.

»Ähm, ich glaube, die Mondkinder haben in die Hose gemacht«, wende ich mich vertrauensvoll an die Mama.

»MAAA-NUUU-EEEL! WIN-DEL!«, brüllt sie quer durch die Wohnung und schon steht ihr Instagram-Husband mit einer Pampers und Feuchttüchern vor uns.

»Wickelst du nicht mit diesen süßen Stoffdingern?«, hake ich nach und Mona blickt mich genervt an.

»Ich bin doch nicht bekloppt. Das habe ich nicht mal eine Woche durchgehalten.«

Denis und ich umarmen unsere Freunde und die Babys ein letztes Mal und machen uns vom Acker. Spätestens zur Taufe in drei Monaten werden wir uns wiedersehen. Bestimmt haben sich bis dahin die Wogen geglättet.

Mein Freund lädt mich in ein veganes Restaurant in der Kastanienallee ein. Vom Zirbenschnaps sind wir nicht satt geworden. Das Essen schmeckt köstlich, und wir verbringen einen richtig schönen

Abend. Es tut so gut, mit ihm zu quatschen, dass ich erst nach Stunden wieder auf mein Handy schaue. Kopfschüttelnd halte ich ihm mein Smartphone vor die Nase. Nachdem auch er gelesen hat, was da steht, lachen wir uns schlapp und bestellen einen zweiten Gin Tonic.

Meine liebe Mathilda, mein wunderbarer Benedict-Hector!
Heute war ein ganz besonderer Nachmittag. Ihr durftet endlich eure Paten kennenlernen. Zwei warmherzige Menschen, die wir schon seit vielen Jahren schätzen. Ihr habt vom ersten Augenblick an die starke Verbindung zu ihnen gespürt und beseelt und zufrieden in ihren Armen gelegen. Schöner hätte dieses erste Zusammentreffen nicht sein können. Wir freuen uns schon alle wie verrückt auf eure Taufe <3
#blessedlife #couple #momoftwo #bedürfnisorientiert #newborn #twins #freundefürsleben

PS: Der Rabattcode für die süßen Stoffwindeln gilt nur noch heute. Bei einer Bestellung über 50€ könnt ihr bis zu 25 % sparen. #bezahltewerbung

Auf dem Bild liegen die Zwillinge in niedlichen Outfits nebeneinander und sehen zuckersüß aus. Zwischen ihnen liegt die selbst gebastelte Holzpuppe. Meinen Plüschwal und die Rassel wurden unterschlagen. Frechheit.

Tipp 1: *Solltest auch du eine Karriere als achtsame Mombloggerin anstreben, beginne deine Posts und Storys IMMER mit »Meine Lieben …« und ende mit dem Hashtag #dankbar. Gestalte deinen Feed mit Fotos der Nachbarskinder, um die Persönlichkeitsrechte deiner eigenen nicht zu verletzen.*

Tipp 2: *Deine Nachbarn haben keine Kinder und du musst doch deine eigenen nehmen? Genieße die zauberschöne Zeit mit ihnen in vollen Zügen. Wenn die Racker erst einmal achtzehn sind, werden sie sich nie wieder bei dir melden.*

KONSUMFREI DURCH DIE WEIHNACHTSZEIT

Früher war weniger Lametta

Bibbernd stehe ich in der Münchner Residenz. Anni und ich haben uns auf dem Weihnachtsmarkt verabredet, aber sie ist zu spät. Meine Freundin ist ein echter Adventsfan. Geschenke basteln, Wichteln und Glühwein trinken sind voll ihr Ding. Ich hingegen könnte zumindest auf die ersten zwei Dinge gut verzichten. Zum alljährlichen Umtrunk auf den Christkindlmarkt komme ich trotzdem mit, hauptsächlich aus Gruppenzwang und weil man sich im Dezember ja schlecht mit seinen Freunden an der Isar verabreden kann.

Genau wie jedes Jahr bereue ich meine Entscheidung, bevor das gemütliche Schlendern von Stand zu Stand überhaupt begonnen hat. Von Gemütlichkeit kann man eigentlich gar nicht sprechen. Zumindest nicht, wenn es sich um einen Weihnachtsmarkt in der bayrischen Landeshauptstadt handelt. Es ist vielmehr eine Mischung aus Warten, Schubsen und Drängeln, untermalt mit besinnlichen Klassikern wie »Kling, Glöckchen klingelingeling«. Wenn man fünf Stunden Zeit und sehr viel Bargeld dabeihat, lohnt sich

das Anstehen am Glühweinstand. Für 6,90 € + 35 €
Becherpfand kann man dort eine winterlich gestaltete
Tasse (made in China), gefüllt mit lauwarmer Plörre,
erwerben. Besonders gut eignet sich dieses fetzige
Getränk für Leute, die sehr gern sehr viel Zucker auf
einmal zu sich nehmen. Zweihundert Milliliter reichen locker aus, um den hauseigenen Insulinspiegel
in astronomische Höhen zu befördern. Danach noch
ein Plätzchen und der Diabetiker muss ins Schwabinger Krankenhaus.

Auch für Menschen, die sich gern eine amtli-
che Wintergrippe einfangen, ist so ein Punsch eine
prima Idee. Spätestens am zweiten Tag sind Buden-
betreiber und Personal aufgrund des riesigen An-
sturms derartig überfordert, dass beim Auswaschen
der Becher nachlässig vorgegangen wird und so ein
wunderbarer Nährboden für Erkältungskrankheiten
aller Art entsteht. Damals ahnte noch keiner, dass
vielleicht schon der Corona-Kelch umging.

Die übrigen Stände haben ebenfalls einiges zu bieten. In sehr altem Fett gebratene Pommes oder eine
schmackhafte Bratwurst aus Höhnes Fleischkom-
binat zum Beispiel. Wogegen weniger einzuwenden
ist, sind gebrannte Mandeln oder ein schöner Bratapfel. Doch auch hierfür sollte man im Vorfeld für
ausreichende finanzielle Rücklagen gesorgt haben.
Zu Beginn meines Studiums, als ich wenig Geld
zur Verfügung hatte, hat mich der Kauf eines solchen Apfels in Kombination mit einer kandierten

Nussmischung in den Ruin gestürzt. Bis Heiligabend konnte ich mich dann nur noch von asiatischer Instant-Nudelsuppe ernähren.

Auch meine Christkindlmarkt-Erfahrung im vergangenen Jahr war weniger schön. Ich musste drei Glühwein mit Schuss hintereinander trinken, weil es derartig kalt war, dass meine Zehen ganz taub wurden. Nicht einmal mit 1,5 Promille kam das Gefühl in den Füßen zurück, dafür habe ich am nächsten Tag meinen Kopf sehr stark gespürt und mir geschworen, die besinnlichen Sauftouren nie wieder mitzumachen, zumindest nicht in den nächsten zwölf Monaten. Und nun stehe ich erneut hier im Getümmel und warte immer noch auf meine weihnachtsverrückte Freundin. Alle Jahre wieder. Ich könnte die Zeit mit dem Kauf eines steinharten Lebkuchenherzes oder einer übertrieben hässlichen Winterklamotte aus Filz überbrücken, aber das ganze Adventsgedöns lässt mich kalt - im wahrsten Sinne des Wortes. Ich sehne mich weder danach, mir eine lustige Weihnachtsmannmütze auf den Kopf zu setzen, noch danach, am 23. Dezember wie eine Irre durch die Fußgängerzone zu hetzen, um Pralinenkästen von Lindt und Geschenkboxen von Douglas zu horten. Was ich mir wirklich wünschen würde, ist eine riesige Packung Lametta und eine Zeitmaschine, die mich ins Jahr 1991 zurückbringt.

Ich muss an den ersten Advent vor 28 Jahren denken. Meine Eltern hatten ihre neuen Öko-Freunde aus dem Westen eingeladen, und die Öko-Wessis brachten Rapunzel und Ronja mit, die beiden jüngsten ihrer sechs Kinder. Die aschblonden Pfarrerstöchter waren einen guten Kopf größer als ich, obwohl sie nicht wesentlich älter waren, und besuchten eine Waldorfschule. Ich konnte mir unter diesem Begriff damals nichts vorstellen und nahm an, dass die Mädchen in unserem Nachbarort Waldorf ganz normal zur Grundschule gingen.

Rapunzel und Ronja (ja, sie hießen wirklich so) hatten sich von Kopf bis Fuß kartoffelsackstylemäßig in Erdtönen gekleidet, so als kämen sie gerade direkt von einem Fotoshooting für den »Hess Natur«-Versandkatalog. Ihre Haare waren irritierend lang und reichten bis zu den Kniekehlen. Auch wenn die Länge durchaus an das romantische Märchen Rapunzel erinnerte, ging die Beschaffenheit eher in Richtung Ronja Räubertochter. Oben struppig, unten fransig – unter diesen widrigen Umständen hätte es der Prinz mit Sicherheit nicht hinauf in den Turm geschafft. Sie rochen nach einer würzigen Gemüse-Getreidemischung, die ich nicht näher einzuordnen wusste. Auf keinen Fall dufteten sie nach leckeren Butterplätzchen, so wie ich.

Gemeinsam mit meiner Mutti hatte ich am Vormittag gebacken. Sie war richtig gut drauf und hatte sogar eine bunte Streuselverzierung erlaubt. Heimlich legte ich ein paar der fertigen Kekse beiseite, um am folgenden Tag in der Schule damit anzugeben, nach dem Motto »Ätsch, ich hab heute auch was Buntes zum Essen dabei!« Meine Mama war zu dieser Zeit deutlich offener, was kindgerechtes Spiel- Back- und Bastelzeug anging, denn sie hatte ein schlechtes Gewissen, weil sie das Glitzermädchen vergrault hatte. Ich hielt es in Anbetracht der guten Stimmung für durchaus realistisch, beim anstehenden Schmücken des Weihnachtsbaumes über den Einsatz von Lametta zu diskutieren, denn Lametta war für mich das erstrebenswerteste Deko-Element, nach dem ich mich alle Jahre wieder vergeblich sehnte.

In diesem Jahr war ich, was den ersten Advent anging, höchst zufrieden und über unseren Besuch freute ich mich ebenso. Es tat gut, endlich mal Kinder zu treffen, die noch uncooler waren als ich selbst. Unsere Eltern hatten sich über den Bund für Umwelt und Naturschutz kennengelernt. Die Pfarrersfamilie engagierte sich schon in den Achtzigern gegen Atomstrom und Müllverbrennungsanlagen (damals, als meine Oldies noch Vollzeit auf den Niedergang des DDR-Regimes hinarbeiteten) und waren bereit, ihre weitreichenden Erfahrungen in Sachen Bürgerinitiativen und Protestaktionen bei Kaffee und Gebäck weiterzugeben. Als ich die grau-braunen Zottelaktivisten dabei beobachtete, wie sie ihre kratzigen Jacken an der Garderobe aufhängten und meinen Eltern zwei uralte Tupperdosen, in denen sich angeblich etwas Essbares befand, überreichten, dachte ich, dass es mich familiär gesehen auf jeden

Fall hätte schlimmer treffen können. Wir nahmen am Wohnzimmertisch Platz, und während die Erwachsenen sich um die Heißgetränke kümmerten, hielt ich den beiden Waldorfschülerinnen angeberisch mein hübsch verziertes Backwerk unter die Nase. Ihre Reaktion war weniger enthusiastisch, als ich erhofft hatte. »Ist da Zucker drin?«, fragte Ronja, die Ältere der beiden, und als ich bejahte, griffen sie lieber nach einer ihrer selbst gebackenen Müslischnitten. Ich schaute verständnislos drein. Imke, die Mutter der Mädchen, brachte Licht ins Dunkel:

»Wir ernähren uns seit vielen Jahren zuckerfrei. Unsere Kinder haben gar kein Bedürfnis nach ungesunden Naschereien. Das ist alles Konditionierung.«

Dann legte sie auch mir ungefragt zwei Müslischnitten auf den Teller und erklärte ausführlich, welche Schäden das süße Gift im Körper von Heranwachsenden anrichtet. In mir stieg Panik auf. Nicht nur, weil ich mich verpflichtet fühlte, das steinharte Vogelfutter unserer Gäste brav aufzuessen, sondern auch, weil die Gesichter meiner Eltern etwas zu interessiert wirkten, als sie angeregt der Geschichte von der zuckerfreien Ernährung lauschten. Nachdem ich mich höflich durch die mangelhafte Körnerspezialität gekämpft hatte, stopfte ich mir blitzschnell alle bunten Plätzchen hintereinander in den Mund. Ich hatte große Sorge, es könnten meine letzten sein.

Das Tischgespräch schlug eine Richtung ein, die mir überhaupt nicht gefiel. Eigentlich sollte sich heute alles um die Verhinderung der Thüringer-Wald-Autobahn drehen, stattdessen haute Langhaarmädchenmama Imke einen Erziehungstipp nach dem anderen raus. Stolz berichtete sie, worauf ihre Kinder gut und gerne verzichteten (Zucker war nur die Spitze des langsam schmelzenden Eisbergs), und hielt einen langatmigen Vortrag darüber, dass es gerade in der Weihnachtszeit ungeheuer wichtig sei, dem Nachwuchs echte Werte zu vermitteln. Meine Eltern sahen das genauso, waren aber weniger dogmatisch. Doch je länger Imkes Predigt andauerte, umso mehr wollten sie Schritt halten. Meine Mutter betonte mehrmals, dass die bunten Streusel eine riesige Ausnahme waren und auch im Hause Henkel auf unnötigen Konsum verzichtet wurde. Die Diskussion entwickelte sich zu einem Wer-ist-hier-der-bessere-Öko-Battle, und die Pfarrersfamilie hatte eindeutig die Nase vorn.

»Soll ich euch mal meine Spielzeuge zeigen? Ich hab ein richtig cooles Puppenhaus«, sagte ich zu den Mädchen. Die Lust am Zuhören war mir vergangen und ich wollte lieber mit den beiden im Kinderzimmer toben. Sie baten ihre Mutter um Erlaubnis und folgten mir nach oben. Leider waren die Öko-Sprösslinge als Spielkameradinnen völlig ungeeignet. Jede beschäftigte sich allein. Rapunzel kämmte einen ausgestopften Fuchs, während Ronja ein Geschirrtuch durch die Luft wirbelte, mit dem sie nach eigener Aussage die Waldgeister vertrieb. Ich hockte vor meiner Puppenstube und spielte Bescherung.

»Was wünscht ihr euch vom Weihnachtsmann?«, wollte ich wissen.

»Frieden und dass alle Menschen genug zu essen haben«, antwortete Ronja.

Ich war noch sehr klein, trotzdem war mir klar, dass dies ein sehr vorbildlicher Wunsch war, und antwortete deshalb, dass ich mir das Gleiche wünschte. »Und eine Baby Born«, fügte ich noch hinzu.

»So einen Plastikmüll kaufen wir nicht«, sagte Rapunzel und kämmte weiter am Tierpräparat herum. Langsam wurde es mir zu doof mit den beiden.

»Du musst den Fuchs nicht kämmen, der ist schon tot«, sagte ich trotzig und setzte mich wieder zu den Erwachsenen.

»Schön, dass du kommst«, flötete meine Mutter. »Die Mama deiner neuen Freundinnen hat uns gerade auf eine tolle Idee gebracht. Dieses Jahr schenken wird uns zu Weihnachten nichts Gekauftes, es gibt nur eine selbst gebastelte Kleinigkeit. Diese Geschenkeberge jedes Jahr sind doch der reinste Wahnsinn.«

Imke nickte bejahend, und ich kämpfte mit den Tränen. Ich hatte absolut keine Ahnung, von welchen Geschenkbergen meine Mom redete. Ich wurde zeit meines Lebens noch nie mit unnützen Dingen überhäuft.

»Und meine Baby Born?«, fragte ich mit zittriger Stimme. Seit Anfang des Jahres war die Puppe von Zapf Creation mein größter Wunsch, und bis zum Eintreffen der westdeutschen Öko-Prominenz standen meine Chancen gut, sie am Heiligen Abend unterm Baum vorzufinden.

»So einen Plastikmüll kaufen wir nicht!«, sagte meine Mutter resolut, und dann verkroch ich mich für den Rest des Nachmittags auf dem Dachboden, bis die Vollkorneltern und ihre Sprösslinge verschwunden waren.

Was dann folgte, waren drei Wochen der Angst. Würden meine Eltern wirklich Ernst machen und mir nichts schenken? Was sollte ich nach Ferienende auf die Frage »Was hast du zu Weihnachten bekommen?« bloß antworten? Am Vierundzwanzigsten tappte ich immer noch im Dunkeln. Auf jede zögerliche Nachfrage, ob »geschenkfrei« wirklich das letzte Wort meiner Oldies war, bekam ich eine ellenlange Belehrung über Konsum und seine Folgen zur Antwort. Und immer wieder wurden die nervigen Waldorfschülerinnen als gutes Beispiel angebracht. Irgendwann war ich es leid. Ich wollte keine drei Lego-Sets, zwölf Kuscheltiere und ein Disney-Schloss haben (dafür war ich mit meinen sieben Jahren schon viel zu realistisch), ich wünschte mir doch lediglich eine einzige Puppe, die alle anderen Mädchen aus meiner Klasse längst zu Hause hatten.

»Der Weihnachtsbaum ist da«, rief meine Mutter am Morgen des lang ersehnten Tages, und ich war gespannt, welche Schönheit mein Vater dieses Jahr aus dem Wald geholt hatte. Er war Förster von Beruf und saß tannenmäßig direkt an der Quelle, daher konnte er den Baum aus seinem Revier mitbringen und sparte sich den Weg zum Baumarkt. Es ist mir bis heute ein Rätsel, warum die von ihm ausgewählten Schmuckstücke so spärlich ausfielen und er sie Jahr für Jahr nur mit großem Widerwillen heimbrachte. Vielleicht wollte er seine Arbeit nicht mit nach Hause nehmen. Auch 1991 hatte unsere Tanne erwartungsgemäß nicht viele Zweige zu bieten. Mehr als vier, fünf schlichte Strohsterne fanden daran keinen Platz. Ratlos blickte ich auf das luftige Geäst.

»Darf ich dieses Jahr bitte Lametta?«, startete ich einen letzten verzweifelten Rettungsversuch. Es ist überflüssig zu erwähnen, was meine Mutter darauf geantwortet hat.

An diesem Vormittag ist mein persönlicher Weihnachtszauber endgültig verflogen und kam nie wieder zurück. Zur Bescherung hielten meine Eltern dann doch noch ein Geschenk für mich bereit. Ich bekam zwei neue Bücher und eine »Bibi Blocksberg«-Kassette. Meinen Mitschülern erzählte ich im Januar, eine Baby Born mit allem erdenklichen Zubehör hätte unterm Baum gelegen. Es kam eh keiner bei mir vorbei, um das nachzuprüfen.

Wenn ich heute von Projekten wie »Spielzeugfreies Kinderzimmer« oder »Weihnachten mit Kindern ohne Geschenke« lese, verspüre ich immer den Impuls, die Autoren achtsam zu schütteln. Eine Hamburger Mombloggerin berichtet davon, wie sie nach und nach den Inhalt der heimischen Kinderzimmer aus dem Haus verbannt, damit der heilende Minimalismus endlich in die gute Stube einziehen kann. Mehr Erste-Welt-Problem geht nicht. Wenn die Kleinen schöne Spielsachen besitzen, wieso sollen sie sich dann davon trennen? Noch nie habe ich eine Achtjährige sagen hören: »Mami, Papi, ich habe viel zu viel Kram. Ich muss unbedingt Ballast los werden, um wieder klar denken zu können und meine innere Mitte zu finden. Lasst uns all meine Sachen verschenken, damit ich fortan nur noch mit Stöcken und Kastanien spielen kann.«

Auch ich würde meine eigenen Kinder nie mit einem Haufen Plastikkram zumüllen, aber was spricht dagegen, anstatt dem totalen Verzicht ein gesundes Mittelmaß zu finden?

Anni ist endlich eingetroffen. »Komm, wir sparen uns die Menschenmassen und spazieren lieber eine Runde durch den Hofgarten!«

Sie zieht mich in Richtung Ausgang. Dabei stoßen wir gegen ein Knäuel asiatischer Touristen, die nur noch einen kleinen Punschbecher von der nächsten Influenza entfernt sind.

»Wolltest du nicht deine alljährliche Runde machen? Glühwein, Shoppen, Bratapfel und so?«, frage ich erstaunt, und während wir durch den dunklen Hofgarten schlendern, erzählt mir Anni, dass sie dieses Jahr angesichts ihres neuen Lifestyles den vorweihnachtlichen Konsumwahnsinn etwas drosseln will. Abschließend fragt sie mich, ob es okay wäre, wenn wir uns ausnahmsweise mal keine Geschenke machen. Die Idee finde ich super. Inzwischen bin ich erwachsen und kann mir meine Wünsche im Zweifelsfall selbst erfüllen. Obendrein bedeutet es, dass ich weniger Besorgungsstress habe.

»Für mich geht das voll klar, aber mach das bitte bloß nicht, wenn du Kinder hast.«

»Wieso nicht?«, fragt Anni, und ich erzähle ihr von meiner Weihnachtserfahrung Anfang der Neunziger und von dem nicht vorhandenen Lametta und den beinahe nicht vorhandenen Geschenken.

»Du Arme! Ich glaube, du brauchst einen Mojito.«

Eine Stunde später sind Anni und ich in meiner Wohnung. Hier ist es schön warm und gemütlich. Ich mixe Cocktails für uns. Als ich zurück ins Wohnzimmer komme, hat sie die Lichterkette angemacht und eine Ladung Lametta über meine Zimmerpalme gehängt. Ich strahle wie ein Engel, als ich die Bescherung sehe. Anni ist wirklich die achtsamste feat. coolste Freundin, die man sich wünschen kann.

Tipp 1. *Nein, Kinder freuen sich an Heiligabend nicht über selbst gebastelte Geschenke aus Naturmaterialien.*

Tipp 2: *Erwachsene auch nicht.*

FALSCHE
SCHÖNHEITSIDEALE
Baby, zieh' die
Alfstrumpfhose an!

Eine deutschlandweit bekannte Infaulenzerin sorgt für Aufruhr: Im Zuge der kühlen Jahreszeit hat sie sich ein kuschliges Beinfell gezüchtet. Das Beweisfoto auf Instagram erwärmt die Herzen ihrer Community und ganze fünfzehntausend Leute schenken dem flauschigen Look einen Like. Nur einer Person haben die langen Haare an Waden und Oberschenkeln nicht gefallen - ihrem Freund. Ob sie sich nicht mal wieder rasieren könne, habe er nachgefragt, er möge glatte Beine lieber. Diese kleine Bitte kam nicht so gut an. Der junge Mann ist jetzt wieder Single. Die Infaulenzerin war derartig erbost, dass sie kurzerhand die Beziehung beendete. Natürlich nicht, ohne ihre Follower darüber in Kenntnis zu setzen. Pikante Storys aus dem Privatleben sorgen schließlich für eine hohe Reichweite und mehr Authentizität. Wie gewohnt stehen die Lemminge hinter ihr und ihrer Entscheidung. Das Körperbehaarungs-Posting geht sogar viral und löst einen wahren Shitstorm auf Kosten des Ex-Freunds aus:

»So arm, so oberflächlich. Gut, dass du Schluss gemacht hast.«

»Wenn ihm das so wichtig ist, dann hat der dich nicht verdient.«

»Traurig, traurig. Du bist wunderschön, so wie du bist.«

»Was für ein krankes Bild Männer von Frauen haben. Nur weil man sich nicht rasiert, ist man plötzlich nicht mehr sexy? Ich glaube, es hackt!«

Ich stelle mir das Szenario in umgedrehter Form vor. Wie würde wohl die Infaulenzerin reagieren, wenn sie ihr #lieblingsmensch plötzlich mit einem neckischen Pelz auf dem Rücken oder ein paar frechen Nasenhaaren überraschen würde? Wäre ihr das egal oder würde sie ihren Loverboy darauf hinweisen? Ich tippe auf Option Nummer zwei, denn noch nie hat mir eine Freundin anvertraut, dass sie auf Rückenbehaarung oder gut bewachsene Nasenlöcher extrem abfährt. Jeder Mensch hat andere Vorlieben und im Idealfall darf man sie dem Partner gegenüber auch äußern. In einer halbwegs gesunden Beziehung würde ein Konflikt in Sachen ausufernde Bewachsung folgendermaßen ablaufen:

»Cheri, deine Nasenfrisur ist nicht so cool.«

Cheri würde dann sagen: »Okay, kein Ding, mach ich weg. Hab in der GQ gelesen, wie das geht.«

Und dann würde sich der Typ die Borsten trimmen, das Problem wäre gelöst und beide lebten glücklich bis ans Ende ihrer Tage. So einfach kann das Leben sein. Leider hat nicht jeder von uns dieses Glück.

Der arme Infaulenzer-Ex hockt gerade todtraurig in seiner Bude und fragt sich, warum er plötzlich solo ist und das ganze Internet ihn hasst - er hat doch bloß gesagt, dass ihm die Alfstrumpfhose seiner Freundin nicht gefällt. Zeitgleich fragt sich die Infaulenzerin, ob die Vorliebe ihres Schatzis wirklich eine Keule gegen den Feminismus war. In naher Zukunft stellt sie dann fest, dass eine flinke Rasur viel unaufwändiger gewesen wäre, als monatelanges Tindern, um einen echten Fellfreund für einsame Stunden zu finden. So viel #drama - und das alles nur wegen ein paar Härchen.

Body Positivity ist der neue Trend in sozialen Medien. Alle fühlen sich plötzlich ultrawohl in ihrem Körper, ganz egal, ob dick oder dünn oder behaart oder aalglatt. Diese Bewegung hat sehr viel Schönes. Endlich werden große Werbeplakate nicht mehr nur von rappeldürren, blutjungen Hungerhaken geziert - wir feiern Curvy-Models und Diversity. Strong ist das neue skinny und skinny ist eigentlich total out. Man postet Selfies ohne Make-up und präsentiert sogar Dehnungsstreifen und Aknenarben. Alles ist okay, denn #niemandistperfekt. Ich finde diese Bewegung super, doch an der Umsetzung hapert es gewaltig. Mir ist mein Aussehen wichtig. Ich bin eine von denen, die nicht ohne Mascara und einen Hauch Rouge zum Bäcker geht. Woran das liegt? Man passt sich unterbewusst immer seinem Umfeld an, und da ich seit zehn Jahren in München-Schwabing zu Hause bin, habe ich mich im vergangenen Jahrzehnt nicht getraut, ungestylt das Haus zu verlassen. Body Positivity ist in der nördlichsten Stadt Italiens nur angesagt, wenn du als Frau langhaarig, sehr schlank und feminin gekleidet bist. Als Mann musst du aussehen wie Andreas Scheuer, das reicht. Du solltest zu jeder Tages- und Nachtzeit frisch und gesund wirken, Sport treiben ist Pflicht, und wer sich gehen lässt oder alternativ kleidet, muss wegziehen. Am besten nach Berlin. Da habe ich mit Anfang zwanzig ein paar Jahre gewohnt und mich Tag für Tag gewundert, wie so viele Menschen so fertig aussehen können, so als würden sie das mit Absicht machen. Wenn ich beim U-Bahn-Fahren in die grauen Gesichter der Hauptstadtbewohner blickte, hätte ich am liebsten jedem einzelnen einen schönen Karottensaft gepresst.

Damals in Berlin bin ich mit meinen rosigen Wangen aus der Masse herausgestochen, hier in München kann ich optisch kaum mithalten. Täglich gibt es etwas zu zupfen, zu färben oder zu überschminken. Bevor ich mich morgens an den Schreibtisch setze, um mutterseelenallein zu komponieren oder ein paar Mails zu beantworten, ziehe ich mir ein hübsches Outfit an und lege ein leichtes Tages-Make-up auf. Es könnte ja sein, der DHL-Mann klingelt, die Nachbarin will ein Paket abholen oder ich möchte spontan im französischen Café um die Ecke vorbeischauen.

»Du musst dich doch nicht erst schminken, nur weil du kurz Croissants holen gehst«, haben meine Eltern einmal gesagt, als sie mich in München besuchten und Sonntagmorgen hungrig am Frühstückstisch warteten. Natürlich haben die leicht reden, denn sie wohnen in Thüringen. Da gilt man schon als eitel, wenn man einen BH trägt.

»Ich will doch nur schnell Mascara und Rouge drauf machen, dann flitze ich los«, erklärte ich, doch meine Oldies zeigten kein Verständnis und betonten, dass ihr Hunger auf Backwaren wirklich sehr, sehr groß sei. Ich hatte keine Wahl. Der gemeine Thüringer hat seine festen Essenszeiten und rückt nicht davon ab. Wenn die Fütterungszeit überschritten wird, können schlimme Dinge passieren. Also schlüpfte ich in der Eile in eine alte Jacke und ein paar Schuhe, die auch mit viel Wohlwollen nicht zusammenpassten, und ging mit meinem »echten Gesicht« nach draußen. Meine Haare waren zu fettig, um sie offen zu tragen, und auch den Programmpunkt Zähneputzen hatte ich in der Hektik schlichtweg gestrichen.

»Ist doch nichts dabei«, redete ich mir mantramäßig ein. Bis ich Mitte zwanzig war, bin ich sogar gern ungeschminkt unterwegs gewesen. Vor allem, weil ich zu dieser Zeit ohne Make-up richtig süß aussah. Mit dreißig hatte sich die Sache mit dem Babyface schlagartig erledigt. Inzwischen wirke ich ohne Schminke so, als wäre ich gerade mit dem Auskurieren eines sehr starken grippalen Effekts beschäftigt. Aber war das wirklich ein Grund, mich permanent hinter einem dezenten Anstrich zu verstecken? Konnte ich nicht das neue Selbstbewusstsein unserer Gesellschaft nutzen und zu meinem Äußeren stehen? Während ich mutig zum Bäcker lief, gab ich mir alle Mühe. Was mir an diesem Sonntagmorgen bewusst wurde: Die Welt dreht sich ganz normal weiter, auch wenn ich kacke aussehe. Niemand schaute mich komisch an, und der Croissant-Boy begrüßte mich genauso freundlich wie sonst. Ich bestellte, nahm die Tüte entgegen und fühlte mich fantastisch. Endlich hatte ich es geschafft, mich von Oberflächlichkeiten und Konventionen zu befreien. Ich sah so aus, wie ich aussah, und wenn es jemandem nicht gefiel, war mir das egal. Body und Face Positivity deluxe.

Ich verließ den Laden und plante in Gedanken bereits meinen nächsten Instagram-Post. Schluss mit hübschen Strandfotos, auf denen ich leicht gebräunt und erholt in die Kamera strahlte. Niemand sollte mehr glauben, ich sähe aus wie das blühende Leben, wenn ich morgens auf dem Campingplatz aus meinem sandigen Zelt kroch. Auf meinem nächsten Foto würde ich ungeschminkt im Schlabberlook posieren und sowas wie »That's me - Könnt ihr mögen oder nicht« drunter schreiben. Ich würde auch ein paar Hautunreinheiten und etwas Achselhaar ins Spiel bringen, um noch authentischer zu wirken. Als passende Hashtags liebäugelte ich mit #selbstliebe

#nomakeup und #stopbodyshaming. In diesem Moment fühlte ich mich wunderschön und befreit - und dann lief ich Benjamin in die Arme.

Benni war mein Ex-Freund und sah unverschämt heiß aus. Auch um 8 Uhr früh an diesem verdammten Sonntagmorgen. Unzählige Male hatte ich mir vorgestellt, wie es wohl wäre, ihm zufällig irgendwo zu begegnen. In meiner Vorstellung trug ich bei diesem Aufeinandertreffen ein extrem lässiges Outfit, offene, glänzende Haare und gerade so viel Schminke, die es benötigte, damit Benni dachte: »Mann! Sieht die gut aus. Warum zur Hölle habe ich bloß Schluss gemacht? Ich nehme alles zurück und ziehe bei ihr ein.«

Was er an diesem Sonntagmorgen wirklich gedacht hat, werde ich nie erfahren. Wahrscheinlich gar nichts. Er war viel zu sehr mit der atemberaubenden Blondine beschäftigt, die er im Schlepptau hatte. Neben ihr sah ich aus wie ein verlottertes Haustier, dass man zeitnah dem städtischen Tierheim anvertrauen sollte. Nach einem »Hi, wie geht's?« folgten drei Minuten der totalen Demütigung. Beim krampfigen Small Talk versucht ich den Mund nicht zu weit zu öffnen, um mein Versäumnis in Sachen Zahnhygiene zu vertuschen. Meine Augen riss ich unnatürlich weit auf, um wenigstens ein klitzekleines bisschen wach rüberzukommen. Alles vergebens.

»Hast du dir 'ne Erkältung eingefangen?«, fragte mein Ex-Freund besorgt nach, und ich bejahte, um meinen desaströsen Zustand zu rechtfertigen.

»Warum warst'n du mit der zusammen?«, zischte seine Superblondine, nachdem wir uns verabschiedet hatten, und ich trottete wie ein begossenes Kätzchen zurück nach Hause.

»Und? War's schlimm?«, fragte meine Mutter, als ich die Wohnung betrat.

»Ja«, sagte ich todernst.

Tipp 1: *Wenn du dich so richtig hübsch fühlen willst, verbringe einfach mal ein paar Tage in Hannover.*

Tipp 2: *Wenn das nicht hilft, ziehe einen Umzug nach Ostwestfalen in Erwägung.*

DAS ACHTSAMKEITS-SEMINAR
Rosinenmeditation für Anfänger

»Atme tiiief ein und aus. Greife die Rosine zwischen Daumen und Zeigefinger und schließe deine Augen. Wie fühlt sich das an? Scheue dich nicht davor, eine Beziehung zu ihr aufzubauen. Gib ihr einen Namen, wenn du magst ... Wie ist die Oberfläche beschaffen? Ertaste das einmal ganz sanft und fühle tief in dich hinein. Wie fühlt sich das an?«

Ich sitze in einem Seminarraum in Berlin-Mitte und halte eine getrocknete Weintraube zwischen meinen Fingern. Früher sagte man »Mit Essen spielt man nicht«, heute nennt man es Rosinen-Meditation. Mona hat ernst gemacht und gibt jetzt Achtsamkeitsseminare für verwirrte Großstädter, die sich vor lauter Möglichkeiten emotional verzettelt haben, und karrieregeile Führungskräfte, die sich den Workshop in Sachen Firmenphilosophie auf die Fahnen schreiben möchten. Sie hat auf meine Teilnahme bestanden. Da ich die Patentante ihrer Tochter bin, verbirgt sich hinter ihrem Wunsch ein persönliches Interesse. Sie will nur das Beste für ihren Nachwuchs, also warum nicht gleich das soziale Umfeld optimieren. Die kleine Mathilda darf nur handverlesene, achtsame Bio-Kontakte haben. Ich habe zur neuen, achtsamen Monamama immer noch keinen richtigen Zugang gefunden, auch wenn sie das mit dem trendy Eso-Lifestyle inzwischen knapp zwei Jahre durchzieht.

Früher war meine Freundin ganz anders - eine Art gnadenloser Girlboss. Ihre Karriere in der Berliner Werbebranche war berüchtigt. Mona wusste immer genau, was sie will und sorgte stets dafür, ihr Ziel auf direktem Wege zu erreichen. Wenn es sein musste, arbeitete sie sechzig Stunden pro Woche, und die Konkurrenz wurde mehr forsch als sanft aus dem Weg befördert. Sie feierte gern feuchtfröhliche Partys, und wenn der Kater am Montagmorgen zu stark war, wurde im Office halt noch mal ganz kurz vom Koks genascht. Sie hatte Biss, gute Ideen und Ausdauer. Auch wenn der alte Lifestyle nicht der gesündeste war, habe ich sie immer dafür bewundert. Jahrelang versuchte ich vergeblich, mir eine Scheibe von ihrer Energie und Willenskraft abzuschneiden. Immer wieder nahm ich mir vor, einfach mal drei Nächte durchzumachen und fokussiert an einem großen Filmscore oder einem Hit zu arbeiten, und dann habe ich doch jedes Mal Punkt 23 Uhr im Bett gelegen und Bubu gemacht. Ich habe lieber gechillt als geackert und frage mich heute öfters, was ich alles hätte erreichen können, wenn ich mehr an meinem beruflichen Werdegang als an meiner Bräune gearbeitet hätte. Zeit meines Lebens konnte ich keiner spontanen Verabredung, keinem Gin Tonic und keiner Mentholzigarette widerstehen. Mein Tagesablauf ist häufig eine Aneinanderreihung diverser Laster, denen ich mal mehr, mal weniger (je nach Wetterlage) fröne. Hier ein Cappuccino im Lieblingscafé, da ein Spaziergang im Englischen Garten, noch schnell ein Feierabenddrink und zack, ist der Mittwoch schon rum. Wenn ich etwas richtig gut kann, dann ist es Sonnencreme auftragen, ein Getränk halten und den Moment genießen. Bisher brauchte ich nie eine Anleitung, um im Hier und im Jetzt zu leben.

Genau aus diesem Grund habe ich keinen blassen Schimmer, was ich gerade in diesem Seminarraum zu suchen habe. Der Typ neben mir weiß es offenbar auch nicht. Bei ihm handelt es sich um einen Apple Watch tragenden Mitarbeiter eines großen Automobilherstellers. Der heutige Workshop war eine Anordnung aus der Führungsetage, zu der er in absehbarer Zeit selbst gehören will. Während er mit der linken Hand die Trockenfrucht knetet, blinzelt er auf sein Smartphone und checkt seine E-Mails. Mona redet derweil mit geschlossenen Augen ruhig und unbeirrt weiter:

»Ertaste weiter die Form der Rosine. Wie fühlt sich das an? Ist sie oval oder rund? Jetzt bring sie einmal ganz langsam an deine Nasenspitze und schnuppere dran. Was riechst du? Wo genau entsteht in deiner

Nase der Geruch? Weiter vorn? Weiter hinten? Wie fühlt sich das an? Atme tiiiief ein und aus … Tauchen Gedanken und Erinnerungen auf, die mit diesem Duft gekoppelt sind? Eine besondere Erinnerung? Ist diese Erinnerung positiv? Oder negativ? Lass dich auf deine Erinnerungen ein. Wie fühlt sich das an? Lass deine Gedanken schweifen … Und jetzt kehre zurück in den Moment, zurück zu dem Geruch, den du gerade im Moment wahrnimmst. Atme tiiiief ein und aus. Wie fühlt sich das an?«

Ich schnüffle brav am Trockenobst und frage mich, wie lange so eine Rosinen-Meditation wohl dauert. Mir ist jetzt schon langweilig. Um ein bisschen Pep in die Veranstaltung zu bringen, denke ich mir ein Spiel aus. Jedes Mal, wenn Mona ihren Lieblingssatz »Wie fühlt sich das an?« raushaut, mache ich einen Strich auf meinen Notizzettel. Zwar weiß ich noch nicht, was genau das Ziel dieses Spiels sein soll, aber es soll auf jeden Fall etwas mit Pfeffi-Shots zu tun haben. Da habe ich großen Durst drauf. Nüchtern ist die neue deutsche Esoteriker-Elite kaum zu ertragen. Unsere Lehrerin nimmt sich das nächste Sinnesorgan vor:

»Und jetzt führe die Rosine an dein Ohr und lausche«, raunt sie und fügt noch ein kleines »Schhhh« am Ende des Satzes hinzu.

»Huhu, i bims, das Rosinchen«, bin ich versucht mit verstellter Stimme zu sagen, aber ich traue mich nicht.

Mona fährt fort: »Kannst du sie hören? Quetsche sie ein wenig zwischen deinen Fingern und lausche noch einmal gaaanz genau …Woran erinnert dich ihr Klang? Wie fühlt sich das an?«

Juhu, ein neuer Strich auf meiner Liste. Ich folge den Anweisungen, und nachdem ich ganz tief in mich gegangen bin, weiß ich endlich, was die Trockenfrucht mir sagen will.

»Lauf!«, schreit sie. »Verlasse sofort den Raum und triff dich mit Leuten, die nicht ballaballa sind! Der Tag ist noch jung und es bleibt genug Zeit für ein reinigendes Prosecco-Retreat.«

Böse Rosine, denke ich. Die hat wohl auch keinen Bock auf halb gare grenzwissenschaftliche Experimente. Der Typ neben mir ist jetzt auf Tinder. Hat ihm bestimmt die Rosine geflüstert, dass er da mal kurz vorbeischauen soll. Mit der einen Hand swipet er nach rechts, mit der anderen fummelt er an seinem linken Lauscher. Wenn man nicht wüsste, dass er grad mitten in einer wichtigen Bewusstseinserfahrung steckt, könnte das auch ein seltener Fetisch sein. Gerade als er ein Match mit einer hübschen Gucci-Brünette namens Tina hat, bemerkt er, dass ich ihn beobachte, und zuckt für einen kurzen Moment zusammen. Damit Mona nichts von seinem unachtsamen Online-Dating-Exkurs mitbekommt, führt er das Rosinchen noch einmal ganz achtsam und dicht an seine Ohrmuschel heran. Ich wende mich wieder der Meditation zu:

»Öffne deine Augen und schau dir die Rosine einmal gaaanz genau an. Was siehst du? Werden Erinnerungen wach? Wie fühlt sich das an?«

Ich lasse meinen Blick am Rosinchen vorbei durch den Raum schweifen. Vor mir sitzt eine farblose Dreißigjährige mit Kurzhaarfrisur und Fair-Fashion-Uniform aus der Kategorie Ich-ziehe-bald-nach-Brandenburg-in-ein-altes-Bauernhaus. Sie nimmt das Seminar und die Meditation sehr ernst. Sie weiß, dass im Havelland nicht viel los und die Rosine eine der wenigen ist, mit der sie sich am Arsch der Heide zum Quatschen treffen kann. Also warum nicht im Voraus schon mal Kontakt aufnehmen. Gute Connections sind schließlich alles, wenn man den Wohnort wechselt.

»Lasse deine Erinnerungen hinter dir und kehre zurück ins Hier und Jetzt zu deiner Rosine. Öffne deinen Mund und ertaste sie mit der Zunge. Was schmeckst du? Wie fühlt sich das an?«

Alle Teilnehmer stecken sich das Früchtchen in den Mund. Außer einer. Mein Banknachbar hat den Anschluss verpasst und nach wie vor mit seinem Ohr und mit Tinder zu tun. Bestimmt flüstert ihm die Rosine hilfreiche Flirttipps zu. Während ich mit wenig Enthusiasmus an der Traube rumlutsche, blicke ich mit wesentlich mehr Begeisterung auf sein Handy mit der geöffneten Dating-App. Mein Nachbar hat vor, der Brünette eine Nachricht zu schicken. Über den Inhalt scheint er sich noch nicht im

Klaren zu sein. Der erste Eindruck, in Form von ein paar Zeilen, ist enorm wichtig beim Online-Dating. Seinen ersten Versuch, ein simples »Hi« mit einem Zwinker-Smiley, löscht er wieder. Dann wird achtsam überlegt und er entscheidet sich für eine unkonventionellere Variante:

»Ich will dein Rosinchen lecken«, tippt er in sein Handy und klickt auf Senden.

Die arme Tinder-Tina! Der spinnt ja! Da sieht man mal, was die halbe Stunde Bewusstseinsentwicklung angerichtet hat. Ich kann mir ein leises, angeekeltes »Also bitte!« nicht verkneifen.

»Hör du mal lieber auf, deinen Zettel zu bekritzeln und mein Handy zu stalken«, entgegnet er so überheblich wie möglich und ich würde ihn am liebsten verpetzen. Doch das muss ich gar nicht. Mona hat längst die Augen geöffnet und blickt streng in unsere Richtung.

»Meine Lieben! Zwei von euch haben unseren schönen Energiefluss unterbrochen. Wie fühlt sich das an? Positiv? Oder negativ? Ich erwarte von allen Teilnehmern absolute Ruhe und Respekt.«

Es gibt noch zwei andere, außer meinem Banknachbarn und mir, die die Sache mit dem Energiezirkel nicht ernst nehmen. Auf dem Gang melden sich in diesem Moment zwei höchst unzufriedene Babys zu Wort. Das müssen Mathilda und Benedict-Hector sein. Die kleinen Brüllbären sind inzwischen ein halbes Jahr alt und haben über hunderttausend Abonnenten auf Instagram. Täglich gibt es an der Content-Front neue elfengleiche Bilder, Rabattcodes für sündhaft teure Bio-Babykleidung, Stoffwindelzubehör und leckere Muttermilchrezepte. Was die Follower von »MonasMondkinder« nicht wissen: Mona hat seit zwei Monaten abgestillt, kauft Wegwerfwindeln bei Rossmann und plant ihre Postings und Kooperationen unter Einhaltung eines ausgefuchsten Marketingplans. Das leise Surren der elektrischen Milchpumpe von Medela und ihre berufliche Abstinenz sind ihr nach wenigen Monaten so auf den Zeiger gegangen, dass sie kurzerhand beschloss, voll in die Selbstständigkeit als Momfluencer und Achtsamkeitscoach einzusteigen. Den Großteil der Babybetreuung hat sie Manuel aufgebrummt. Heute war seine Aufgabe, nach Kursende »ganz zufällig« mit den Zwillingen vorbeizuschauen, damit unsere Coaching-Queen achtsam mit ihnen prahlen kann. Sie wollte uns so gern demonstrieren, wie einfach und harmonisch sie Familie und Karriere in Einklang bringt. Aber daraus wird wohl nichts, denn leider hat sich ihr Instagram-Husband in der Uhrzeit geirrt und die Supertwins haben super schlechte Laune. Kurz gesagt: Der Mond steht heute super ungünstig für die Mondkindermama.

»MA-NU-EL!,« ruft sie mit hochrotem Kopf und spuckt die Rosine auf den Boden des Seminarraums. Sie rennt raus auf den Flur und schlägt die

Tür hinter sich zu. Dann brüllt die ganze Mondfamilie durcheinander. Auch mit sehr viel Mühe kann ich mir ein Grinsen nicht verkneifen. Egal wie viel Besonnenheit und Achtsamkeit meine Freundin in ihrem Leben walten lässt, den alten »Monataurus« kann sie einfach nicht verleugnen. Wenn er raus muss, muss er raus. Etwas nervös und peinlich berührt rutschen die Kursteilnehmer auf ihren Stühlen hin und her. Niemand weiß, wie man sich in dieser Situation achtsam verhalten soll. Darf man die Rosine jetzt einfach runterschlucken? Ist die Meditation vorbei?

»Scheiße, scheiße, scheiße!«, schimpft es plötzlich von rechts. Mein Tinder-Nachbar springt auf und schüttelt wie ein Bekloppter mit dem Kopf. Jetzt haut er auch noch mit der Handfläche gegen sein Ohr. »FUCK!«, schreit er so laut, dass die farblose Kurzhaarige vor uns zusammenzuckt. Solche Kraftausdrücke werden ihr so bald nicht mehr zu Ohren kommen. Und auch sonst nichts, wenn sie erst mal in Brandenburg wohnt.

»Was ist denn los?«, will ich wissen.

»Diese verdammte fucking Rosine!«

Fluchend hüpft mein Banknachbar auf und ab. Es stellt sich heraus, dass er der Aufgabenstellung nicht folgen konnte und das Rosinchen versehentlich in sein Ohr gesteckt hat. Jetzt bekommt er es nicht mehr heraus. Er war wohl gedanklich zu sehr in die brünette Schönheit und seine unterirdischen

Anmachsprüche vertieft. Bevor er weiter tindert, kann er erst mal die HNO-Ambulanz googeln.

»Und?« hake ich nach, »Sind deine Gefühle positiv? Oder negativ? Wie fühlt sich das an?«

Ich weiß, dass ich gerade etwas zu gemein bin und verkneife mir ein abschließendes »Ciao, wir hören uns!«, bevor er in seinen SUV steigt und zum nächsten Ohrenarzt saust. Das Gebrüll auf dem Flur ist inzwischen verstummt. Manuel und die Zwillinge sind verschwunden. Mona kommt zurück, schließt die Augen und atmet tiiief ein und aus. Nach einer ewig langen Pause setzt sie zu einem klärenden Monolog an:

»Meine Lieben! Ich entschuldige mich aufrichtig für meinen emotionalen Ausbruch und möchte euch eine Geschichte erzählen. Vor vielen Jahren wurde bei mir eingebrochen. Es wurde kein Geld und kein Schmuck gestohlen - viel schlimmer. Es war ein Energieräuber. Heute war es an der Zeit, mich von ihm zu lösen und mein Leben selbstbestimmt in die Hand zu nehmen, und ich bin so dankbar, dass ich das mit euch teilen durfte. Damit gebe ich euch die Wertschätzung, die ihr verdient. Atmet tiiief ein und aus. Wie fühlt sich das an?«

Mona ist jetzt Single. Das Seminar ist vorüber, und wir sind achtsam in eine Bar gegangen. Nach Hause will sie nicht, denn dort warten der verlassene Ehemann und die süßen Schreihälse. Sie hat tatsächlich mit ihm Schluss gemacht. Zumindest vorerst, bis er die gestohlene Energie wieder rausrückt. Jetzt hocken wir ratlos an einem Kneipentisch, und ich habe meine Strichliste rausgeholt.

»Wollen wir Pfeffi trinken? Wie fühlt sich das an?«, frage ich, aber kaum ein Getränk der Welt wird es schaffen, die Stimmung zu heben. Nicht mal, wenn es grün ist. Ob sie sich das alles wirklich gut überlegt hat, frage ich meine Freundin. Alleinerziehend mit Zwillingen ist eine echte Hausnummer.

»Das geht schon, das machen hier alle«, entgegnet sie, und mir fällt wieder ein, dass wir uns im Prenzlauer Berg befinden. So in etwa muss sie auch zu diesem Achtsamkeitsding gekommen sein. Das machen hier nämlich auch alle. Nachdem wir uns wertschätzend einen gewissen Pegel angetrunken und somit wieder etwas Lebensenergie in Bewegung gesetzt haben, loggen wir uns bei Tinder ein. Mal schauen, ob gutes Daddy-Material auf dem Bildschirm erscheint. Nach einigen Wischern stoßen wir auf einen gemeinsamen Bekannten, meinen Banknachbarn. Versehentlich swipe ich nach rechts und wir haben ein Match. Grund genug, ihm ein paar nette Zeilen zu schicken.

»Ich will dein Rosinchen lecken. NICHT!«

Tipp 1: *Du fühlst dich schlecht, weil du andere Menschen und die Natur geringschätzig behandelst? Deine Mitarbeiter beklagen sich über das schlechte Klima in* deinem Unternehmen? Besuche ein zweitägiges Acht-samkeitsseminar und – zack! – bist du ein besserer Mensch.

Tipp 2: *Achtsamkeitslehrer sind auch nur Egozentri-ker – mit Klangschale.*

EASY ENTSCHLEUNIGEN MIT CORONA

Hilfe! Ich muss jetzt selber kochen

Es ist Anfang März. Gemeinsam mit drei Kollegen hocke ich im Backstage-Bereich eines Kölner Theaters. Hier findet eine Comedy Mixed Show statt. Ein Moderator, zwei Stand-up-Comedians und ich als musikalischer Gast. Es scheint ein gewöhnlicher Abend zu werden, aber irgendetwas stimmt nicht.

Achthundert Karten wurden verkauft, und nur fünfhundert Gäste sind erschienen. Eigentlich kein Problem für mich, denn ich habe schon in viel größeren Sälen vor viel weniger Leuten gespielt, doch die Veranstalter sind besorgt. In der Bevölkerung macht sich Panik breit, denn das Virus mit dem Biernamen geht um. Es hat sich inzwischen aus China bis nach Deutschland vorgekämpft, und im Schwabinger Krankenhaus liegen die ersten Infizierten. Diese Tatsache macht mich nicht sonderlich nervös. Erst vor drei Wochen stand die Republik Kopf, weil ein Jahrhundertsturm an die Tür klopfte. Der Bahnverkehr wurde landesweit eingestellt, aber entpuppt hat sich der Wind letztendlich nur als steife Brise, zumindest in Süddeutschland. Ich bleibe deshalb optimistisch und gehe wie viele davon aus, dass der Covid-19-Spuk vorbei sein wird, bevor er überhaupt richtig anfängt.

»An deiner Stelle würde ich die Sache ernst nehmen«, hatte mein hypochondrischer Scheuer-Nachbar vor drei Tagen gesagt, als ich in seiner Gegenwart versehentlich husten musste. Mein Argument, ich würde auf ihn allergisch reagieren, ließ er nicht durchgehen. Stattdessen hat er mir als Informationsquelle den Virologen Prof. Dr. Drosten ans Herz gelegt. Neugierig klickte ich mich durch ein paar Videos und war danach keinen Deut schlauer. Ich habe eine Schwäche für Männer mit schönem Haar, und Dr. Drostens Frisur hatte mich viel mehr in ihren Bann gezogen als Forschungsergebnisse und Infektionsraten. Bei solch einer schönen Lockenpracht konnte ich mich unmöglich auf die Pandemie konzentrieren.

Vergnügt schnappen meine Kollegen und ich ein paar Flaschen Corona-Bier aus dem Kühlschrank und schießen semi-lustige Selfies. Die Stimmung ist gut. Es ist schön, auf Tour zu sein. Ich bin generell ein großer Fan meines Künstlerlebens. Jeden Tag in aller Herrgottsfrühe in ein Büro gehen zu müssen wäre mein absoluter Horror. Stattdessen schreibe ich Lieder, Konzertstücke und Filmmusik, und das alles nicht vor 10 Uhr morgens. Die Live-Auftritte sind das i-Tüpfelchen. Ich war schon immer gern unterwegs und nie länger als vier Wochen in derselben Stadt. Auch wenn ich München über alles liebe, ab und zu muss ich mal etwas anderes sehen, und außerdem weiß ich meine Wahlheimat noch tausend Mal mehr zu schätzen, seitdem ich in atemberaubenden Metropolen wie Cottbus, Essen oder Bünde aufgetreten bin. Die Rückkehr nach Schwabing fühlt sich am fantastischsten an, wenn man zuvor ein paar Tage in Ostwestfalen verbracht hat. Nicht auszudenken, was in Leuten vorgeht, die in München Urlaub machen und dann wieder nach Harsewinkel zurückfahren.

Meine Kollegen sind ebenfalls glücklich mit ihrem Tournee-Lifestyle. Beim Bier tauschen wir uns über Agenten, Shows und Karriere aus. Jeder hat eine nette Anekdote aus der Kategorie Selbstverherrlichung parat, die er samt eingebauten Witzen und abschließender Pointe vorträgt, so als würde er nicht hinten im Backstage sitzen, sondern vorne auf der Bühne stehen. Das ist typisch Comedian. Und jeder erzählt am allerallerliebsten von sich selbst. Das ist typisch Künstler. Nur unseren Moderator scheint der egozentrische Business-Talk heute überhaupt nicht zu interessieren, obgleich er normalerweise großer Fan davon ist. Er ist total im Corona-Fieber und malt düstere Zukunftsszenarien. Dass man hierzulande bald ganze Städte abriegeln werde, so wie in China, erzählt er, und dass es nicht mehr lange dauern werde, bis Konzerte und Veranstaltungen abgesagt und sogar verboten werden. Dunkle Zeiten für auftretende Künstler würden auf uns zukommen und die würden so lange anhalten, bis ein Impfstoff entwickelt werde. Wir sind von seiner Panikmache genervt. Das klingt alles nach einer absurden Verschwörungstheorie. Augenrollend hören wir uns die Geschichten vom drohenden Shutdown an und denken einfach nur »Shut up«. Viel lieber wollen wir weiter über wirklich wichtige Themen, also uns selbst sprechen. Wir haben keinen blassen Schimmer, wie blitzgescheit diese Zukunftsanalyse des Moderators ist und wir ahnen nicht, dass dies der letzte Auftritt für sehr lange Zeit sein wird.

Drei Wochen später sitze ich zu Hause in meiner Münchner Wohnung und mir ist zum ersten Mal seit zwanzig Jahren langweilig. Alle Konzerte wurden gecancelt, mein Lieblingscafé hat zu und im englischen Garten sind mehr Polizisten als Spaziergänger unterwegs. Ahnungslos fuhr ich von meinem Auftritt in Köln zurück nach Hause und dann ging alles ganz schnell. Im Stundentakt rief die Agentin an, um mir eine Konzertabsage nach der anderen durchzugeben. Alle meine Freunde, die einem anständigen Beruf nachgehen, wurden ins Homeoffice geschickt, Kitas, Schulen und Shops machten dicht und zu meinem persönlichen Leidwesen auch noch die Gastronomie. München ist über Nacht von der Weltstadt mit Herz zur Geisterstadt mit Wachschutz geworden. Der bekannte Marienplatz ist menschenleer, und Ausflüge ins Umland oder in die Berge sind streng verboten. Alles, woran ich mich in meinem bisherigen Leben erfreute, findet ab jetzt zu Hause und auf den heimischen Bildschirmen statt.

Jeder streamt plötzlich irgendetwas – egal ob Workout, Kneipenabend, Kuchenrezept oder Kunstausstellung. Wie quasi alle meiner Kollegen habe auch ich einen verzweifelten Versuch gestartet, meine Fans via Online-Konzert zu beglücken. Mutterseelenallein saß ich am heimischen Klavier und spielte für eine virtuelle Menge an Zuschauern. Schon als ich die »Gäste« begrüßte und den ersten Song anmoderierte, fühlte ich mich erbärmlich. Mich mit einem Display zu unterhalten, ist absolut kein Ersatz für Live-Veranstaltungen. Über den Chat grüßten die Zuschauer zurück, stellten Fragen und sendeten Emojis. Das wäre meine einzige Grundlage für eine Publikums-Interaktion gewesen, kommt aber nur für Künstler mit einer vollen Sehfähigkeit in Frage. Ich für meinen Teil hatte mit meinen 5,5 Dioptrien keinen blassen Schimmer, was in dem klitzekleinen Chatfenster auf dem Bildschirm meines iPhones stand. Aber besser grauer Star als gar kein Star, dachte ich mir und legte los.

Es war kein musikalischer Hochgenuss, den ich an diesem Abend darbot. Dar Ton war leicht verzerrt, und um den Vintage-Sound perfekt zu machen, ruckelte auch das dazugehörige Bild gewaltig. Nach zehn Minuten gab ich auf und schwor mir, dass dies mein letzter Livestream für die nächsten fünfzig

Jahre gewesen ist. Ich werde mir kein zweites Standbein im Internet aufbauen. Wenn schon arbeitslos, dann richtig.

Endlich habe ich Zeit für all die Dinge, zu denen ich sonst nie gekommen bin. Aber welche sind das überhaupt? Balkonpflanzen anschaffen? Eine Wand streichen? Ausmisten mit Marie Kondo? Ratlos hocke ich in der Küche und weiß nichts mit mir anzufangen. Ich male mir mit dem Kugelschreiber Striche auf meinen Handrücken und lausche dem Sound des Kühlschranks. Als ich mich so richtig achtsam auf die akustische Kulisse meiner eigenen vier Wände einlasse, fällt mir ein Geräusch auf, dass alle anderen übertönt. Mein Magen knurrt, und zwar so laut, dass es mit Sicherheit auch Andreas Scheuer im Dachgeschoss hören kann. Seit dem Lockdown habe ich nämlich nicht nur unerträgliche Langeweile, sondern auch riesengroßen Hunger. Normalerweise sind die Schwabinger Café- und Restaurantbetriebe für meine Nahrungszufuhr zuständig - jetzt muss ich mich selbst versorgen. Keine schnelle Verabredung zum Mittagessen, kein Cappuccino to go - das muss sie sein, diese Entschleunigung, von der immer alle reden.

Endlich hat unsere Gesellschaft das, wonach wir jahrelang strebten: sehr, sehr viel Zeit und Ruhe. Man muss jetzt nicht mehr waldbaden (also spazieren!) gehen oder ein Schweige-Retreat im Allgäu besuchen, um runterzufahren - man fährt gar nicht erst hoch. Keiner hat Termine oder Verabredungen, fast alle bleiben brav in der guten Stube und benutzen den #staythefuckhome Hashtag. Den Prominenten unter den Hashtag-Benutzern scheint das Zuhausebleiben nicht einmal schwer zu fallen. Ist doch ganz leicht, wenn man eine riesige Villa mit Garten und Swimmingpool hat. Im Neubaugebiet Jena Lobeda gestaltet sich das schon schwieriger.

So sehr wir uns in unserer hektischen Vergangenheit nach Entschleunigung gesehnt haben, so sehr setzt sie den ersten meiner Mitmenschen schon nach kürzester Zeit zu. »Mehr Zeit miteinander als Familie« haben sich die vielen achtsamen Momblogger in unzähligen Beiträgen gewünscht, aber jetzt, wo Waldorf-Willi und Montessori-Mathilda 24/7 zu Hause sind, weht ein anderer Wind durch die 3-Zimmer-Altbauwohnung. Bei Deutschlands Eltern wird der Notstand ausgerufen. Die kleinen Racker werden fortan zu Hause betreut und müssen von früh morgens bis spät abends bei Laune gehalten werden. Damit haben Mami und Papi nicht gerechnet. Auch Mona und Manuel nicht. Sie haben sich nach ihrem großen Streit wieder zusammengerauft und einen Platz in einer schicken, bedürfnisorientierten Bio-Privatkita ergattert. Eigentlich sollten die Mondkinder gerade eingekrippt werden, damit Mami bei ihren Instagram-Posts über die zauberschöne Babyzeit endlich ungestört ist, doch nun hat die Krippe auf unbestimmt Zeit geschlossen und nicht einmal die Babysitterin oder die Großeltern können unterstützend einspringen. Ihr letzter Post lässt erahnen, was gerade in der Hipster-Wohnung am Kollwitzplatz abgeht.

Meine liebe Mathilda, mein wunderbarer Benedict-Hector!

Der Mond steht hoch am Himmel, aber heute erfüllt mich die Nacht nicht mit Ruhe, sondern mit Angst. Wie soll das alles weitergehen? Werden wir als Familie stark genug sein, um die wochenlange Isolation zu überstehen? Ich weiß, ihr wollt raus, ihr wollt spielen, ihr wollt eure Freunde treffen – aber all das geht im Moment nicht. Ihr Lieben, versteht mich nicht falsch – wir nehmen das Virus sehr ernst, aber Kinder brauchen Gleichaltrige und die Interaktion in der Gruppe, um sich optimal zu entwickeln. Man kann nur hoffen, dass die Hilferufe der Eltern ernst genommen werden, und die Kitas bald wieder öffnen. Eure zu Tode erschöpfte Mona

#wirbleibenzuhause #corona #bedürfnisorientiert #twins #ichkannnichtmehr

PS: Der wunderschöne Mundschutz auf dem Foto stammt von der lieben @Annabelles.Welt

PPS: Mit dem Rabattcode CoronaMona2020 erhaltet ihr auf eure Bestellung in Annabelles Shop 20 % Rabatt #bezahltewerbung

Mal wieder muss ich schmunzeln. Bisher war mir nicht klar, wie viele Freunde und Verabredungen die Zwillinge schon haben. Sind sie vor Corona regelmäßig ins Nachbarhaus gerobbt, um ihre Homies abzuholen und haben als Gang das Viertel unsicher gemacht? Schwer zu glauben. Die sind ja noch nicht einmal eins. Dann scrolle ich in Monas Timeline nach unten und erfreue mich an einem alten Post aus ihrer Schwangerschaft. Damals schrieb sie, wie unverantwortlich es ist, Kinder unter drei Jahren in die Fremdbetreuung zu geben, schließlich gehören Kleinkinder einzig und allein zu den Eltern. Diese Theorie scheint sie in den letzten Wochen gründlich überdacht zu haben.

Bei Denis scheint alles unverändert. Er hockt nach wie vor in der Lausitz und macht seinen Garten unsicher. Bei unserem letzten Telefonat war mir nicht einmal klar, ob er überhaupt von Corona wusste. In Brandenburg ist schließlich immer Shutdown. Anni hingegen weiß ein bisschen zu viel über das Virus: Ständig postet sie Artikel über Bill Gates und die anstehende Zwangsimpfung. Am Telefon hat sie sogar ein Lied von Xavier Naidoo angestimmt und aus einem Kochbuch von Attila Hillmann vorgelesen. Dass man in Anbetracht der Lage schon mal Dinge aus einem anderen Blickwinkel betrachtet, kann ich voll und ganz verstehen. Trotzdem frage ich mich, was für eine schlechte Verschwörungstheorie das sein muss, wenn alle Leute auf Facebook schon davon wissen.

Mein Magen knurrt inzwischen so laut, dass ich beschließe, das Unglaubliche zu tun - ich werde selber backen. Nach knapp zehn Jahren in meiner Wohnung ist es endlich an der Zeit, den Herd einzuweihen. Bin gespannt, wo er angeht.

Eine knappe Woche später hantiere ich immer noch am heimischen Ofen und bin inzwischen absoluter Vollprofi. Über den Corona-bedingten Niedergang der Musikbranche mache ich mir keine Gedanken, denn mir steht eine steile Karriere in Roberts Kochinstitut bevor. Meine Fähigkeiten erstrecken sich vom klassischen Bananenbrot über Erdbeer-Tiramisu bis hin zu Canelé, einer exquisiten französischen Gebäckspezialität. Noch vor wenigen Wochen sorgte ein Konzertbesuch in der ausverkauften Philharmonie oder ein Abend mit Freunden in der Weinbar am Odeonsplatz für Glücksmomente - jetzt spielen die Endorphine verrückt, wenn ich die Backröhre öffne und eine gelungene, goldgelbe Brioche herausziehe. Nach längerer Zeit habe ich auch einmal wieder auf dem Kanal von GreenMuriel89 vorbeigeschaut und unter Anleitung des Leipziger Zottelmädchens meine eigene Mandelmilch hergestellt. Anschließend las ich ein paar Kapitel in Kondos Buch »Magic Cleaning« und habe Ordnung in meine Küche gebracht. Ob Apothekerschrank oder Gewürzregal - neuerdings ist bei mir alles tipptopp aufgeräumt. Selbstverständlich steht auf dem Küchentisch eine schlichte Vase mit ein paar neckischen selbst gesammelten Zweigen drin, die ich meinen Instagram-Followern nicht vorenthalten habe.

»Du bist ja gar nicht mehr wieder zu erkennen«, hat Anni verdutzt gesagt, als sie mich trotz Ausgangssperre heimlich besuchte, um nachzuprüfen, ob mich Bill Gates schon verchipt hat. Sie hat recht. Ich schminke mich nur noch sporadisch und finde, dass man dem Nachbarn das Paket auch mal in Jogginghose übergeben kann. Heute bin ich um 5.45 Uhr aufgestanden, um den Sonnenaufgang im Englischen Garten zu erleben, und habe auf meiner Lieblingswiese, die ich zuvor noch nie menschenleer gesehen habe, tiiief ein- und ausgeatmet, selbstverständlich im herabschauenden Hund. Im Unverpacktladen gehe ich inzwischen ein und aus und belächle die Zero-Waste-Anfänger, die beim Abfüllen ihrer Lebensmittel kleckern. Denis hat mir das Rezept für die Ingwer-Kurkuma-Shots durchgegeben, und wenn ich richtig gut drauf kommen will, gönne ich mir zwei, drei davon. Dank Corona bin ich endlich so richtig im Green Lifestyle angekommen. Ich bin kurz davor, meine Einweckgläser zu packen und in die Lausitz zu ziehen ...

Oder doch nicht?!

Tipp 1: *Nutze die Quarantäne, um tolle Rezepte auszuprobieren. Als bewährter Corona-Klassiker gilt das Bananenbrot.*

Tipp 2: *Sollten deine ersten Versuche misslingen – nicht verzagen! Die Pandemie wird uns noch Jahre beschäftigen. Dir bleibt also massig Zeit. Hilfreiche Tipps findest du in Roberts Kochinstitut.*

LIEBESGRÜSSE AUS DER LAUSITZ

Gemeinsam einsamen

»Fühlt sich das gut an? Ist das okay für dich?«

Ich liege auf Denis' Hollywoodschaukel im Brandenburgischen Outback. Mein Lieblingsgärtner sitzt dicht neben mir und streichelt mit einer Pfauenfeder über mein Schlüsselbein. Es ist angenehm warm, und die Vögel zwitschern fast so schön wie im Karwendel.

»Ich kann dir auch eine Kopfmassage geben, wenn du magst. Da bin ich berühmt für.«

»Da sag ich nicht nein.« Nie käme es mir in den Sinn, eine gratis Wellnessbehandlung abzulehnen. Immerhin kostet ein halbes Stündchen professionelles Kopfkraulen in München stolze 55 €. Denis huscht ins Haus und kommt mit einer klapprigen Liege zurück. Ich mache es mir bequem und er legt los.

»Fühlt sich das gut an? Ist das okay für dich?«

»Mhm.« Ich halte die Augen geschlossen und genieße. Was passiert hier gerade? Wir sind seit über zehn Jahren befreundet und ich hatte seit jeher vor, es dabei zu belassen. Doch schon vorhin, beim gemeinsamen Tomatenpflanzen, sind wir uns verdächtig nahegekommen.

Eigentlich sollte ich jetzt in Frankreich am Strand sein, aber die Ländergrenzen sind nach wie vor dicht. Corona lässt aktuell keine Reisen ins Ausland zu. Hätte mir vor drei Monaten jemand gesagt, ich würde meinen diesjährigen Urlaub in der Lausitz verbringen, hätte ich ihm achtsam einen Vogel gezeigt. Doch nachdem Denis dreihundertmal gesagt hat: »Du musst uuunbedingt vorbeikommen, es ist traumhaft hier!«, und ich einem Blick auf mein immer leerer werdendes Bankkonto geworfen habe, bin ich eingeknickt. Bisher war ich nicht die klassische Deutschland-Touristin. Natürlich erfreute ich mich an einem verlängerten Wochenende am Walchensee, aber gemeinsam mit einer Horde vollschlanker, sächsischer Jedi-Ritter an der mecklenburgischen Seenplatte oder am Ostseestrand rumzuliegen, kam nicht infrage. Nie konnte ich mir vorstellen, dass meine Mitmenschen Sätze wie »Am schönsten ist es im Erzgebirge« oder »Wir hatten wunderbare Ferien in Eisenach« wirklich ernst meinten. Waren die etwa noch nie am Mondsee oder in der Provence? Es muss ja nicht immer gleich Bali oder Sri Lanka sein, aber ein Stück weiter als bis in den Harz sollte man schon kommen.

»Fühlt sich das gut an? Ist das okay für dich?«

»Ja, echt super!« Denis hat es an der Massagefront so richtig drauf. Auch wenn das brandenburgische

Ambiente nicht mit dem Spa am Tegernsee Schritt halten kann - der Service ist einzigartig. Mit einem Strauß wunderschöner Wiesenblumen wurde ich gestern Nachmittag am Gleis eins im Nirgendwo empfangen und zu meiner Unterkunft geleitet. Mein Gastgeber hatte das uralte Ausziehsofa hergerichtet und zur Begrüßung ein Glas selbst gemachten Apfelwein eingeschenkt. Bis zur Schlafcouch habe ich es in meiner ersten Nacht gar nicht geschafft. Es ist nicht bei einem Glas Apfelwein geblieben, und irgendwann bin ich nach stundenlangem Quatschen auf der Hollywoodschaukel eingeschlafen, bis mich Denis mit Kaffee und duftenden Frühstücksbrötchen aufweckte.

»Wo hast du die her? Gibt es hier etwa einen Bäcker?«, wollte ich wissen.

»Selbst gemacht. Frisch aus dem Ofen. Ganz köstlich!«, lautete die Antwort - da hätte ich wirklich selber drauf kommen können. Nach dem Frühstück zeigte mir mein alter Freund seinen riesigen Garten und ich zeigte ein Mindestmaß an Begeisterung, weil ich wusste, wie viel ihm Beete und Obstwiesen bedeuteten. Dass ich aus meiner Kindheit ein echtes Gartenarbeitstrauma davongetragen habe, verschwieg ich. Als Grundschülerin wurde ich intensiv in Programmpunkte wie Unkrautjäten und Kartoffelkäfersammeln mit eingebunden, was in etwa so viel Spaß brachte, wie Trickfilme auf meinem Pappfernseher zu schauen. Ich hatte mir damals geschworen, mich zeit

meines Lebens nie wieder einem Stück Erde mit Gemüse darauf zu nähern und ernte heute ausschließlich bei »OHNE« oder im Alnatura-Supermarkt.

»Fühlt sich das gut an? Ist das okay für dich?«
Denis hat sich wieder die Pfaufenfeder geschnappt
und streichelt damit behutsam über meine Arme.
Ich lasse es geschehen. »Was im Urlaub passiert,
zählt nicht«, hatten wir früher immer gesagt und
nicht weiter darüber nachgedacht, ob der freche Flirt
am Strand von San Sebastián oder Ericeira wirklich
angebracht war. Eine anständige Ferienromanze gehörte schließlich dazu. Da ich in der Lausitz wohl
kaum auf einen heißen Surflehrer treffen werde,
bin ich bereit, Kompromisse einzugehen. Wenn Denis seine Kordhose erst einmal ausgezogen und die
Wildkräuter aus den Zähnen gebürstet hat, sieht er
durchaus ansprechend aus. Früher kam eine Liaison
mit ihm nicht infrage. In seinen Zwanzigern war er
mir viel zu umtriebig. Es gab keine gemeinsame,
weibliche Bekannte, mit der er nicht wenigstens einmal geknutscht, gefummelt oder geschlafen hatte.
Kaum war die Affäre mit der türkischen Erasmus-
Studentin vorüber, schon wurden seine Aquariums-
fische von zwei kichernden, schwedischen Touris-
tinnen beobachtet. Als er noch in Berlin wohnte, ließ
er, mal abgesehen von seinem Essen, absolut nichts
anbrennen. Doch mit seinem Umzug nach Brandenburg ist der Möchtegern-Don-Juan zum Mönch
mutiert. »Diese vielen Affären und der schnelle Sex

geben mir nichts mehr«, hatte er gesagt, und ich glaubte ihm erst, als ich ihn drei Jahre lang nicht mehr in Begleitung einer Dame erlebte. Die Zeit der lockeren Liebschaften schien vorüber zu sein. Ob es wirklich daran lag, dass ihm alles zu viel wurde, oder einfach nur daran, dass es in der Lausitz nichts zum tindern gibt, sei dahingestellt.

»Fühlt sich das gut an? Ist das okay für dich?« Bevor ich antworten kann, spüre ich Denis' Lippen auf meinen. Das war's mit der Friendzone. Jetzt gibt es kein Zurück mehr. Für einen esoterisch ange-hauchten Gärtner küsst er eigentlich ganz gut, ich muss aber zugeben, dass ich kein Vergleichsmaterial habe. Was ein bisschen nervt, ist die Pfauenfeder, mit der er nach wie vor sein Unwesen treibt. Das ist mir zu viel Multitasking für ein Vorspiel.

»Kommst du mit mir unter die Dusche?«, raunt er in mein Ohr, und ich finde die Idee klasse, da er nach wie vor einen Tick zu doll nach Landleben riecht. Seine Dusche finde ich auch klasse. Sie befindet sich hinterm Haus unter freiem Himmel. So eine hätte ich auch gern. Leider macht das im Innenhof meiner Schwabinger Legebatterie wenig Sinn (außer für meine Nachbarn). Das warme Wasser läuft über unsere Köpfe, und Denis reibt mich mit einer selbst gemachten Lavendelseife ein. Er tut das sehr be-dacht und mit viel Ruhe - mit so viel Ruhe, dass ich langsam zweifle. Wann passiert denn hier endlich mal was?

»Fühlt sich das gut an? Ist das okay für dich? Wir können uns gaaanz viel Zeit lassen«, flüstert er. Die Grundidee ist nicht schlecht, aber streng genommen lassen wir uns schon seit gestern Nachmittag Zeit. So langsam könnte man zumindest mal zum Heavy Petting überleiten. Dieses ewige Vorspiel ist ein bisschen übertrieben, schließlich bin ich schon länger keine Jungfrau mehr. Nach einer weiteren halben Stunde harmlosen Einschäumens fällt mir glücklicherweise ein Satz ein, mit dem ich aus der Seifennummer wieder rauskomme:

»Denis, das ist jetzt echt Wasserverschwendung.« Blitzschnell dreht er den Hahn zu und beginnt mich mit einem sehr rauen Handtuch abzutrocknen. Natürlich lässt er sich auch hierbei sehr, sehr viel Zeit. Mal betrachtet er eindringlich meinen Nacken, mal küsst er akribisch meine Handrücken. Ich hätte ihn als erfahrenen Draufgänger eingeschätzt und jetzt kommt er mir vor wie ein schüchterner Achtklässler.

»Fühlt sich das gut an? Ist das okay für dich?«

»Denis, diese Frag nervt ein bisschen. Wenn es nicht okay für mich wäre, würde ich es doch sagen!«

Er sieht mich treudoof an. »Aber ich will unbedingt, dass es ganz, ganz schön für dich ist. Du bist doch etwas Besonderes … Also, wir sind etwas Besonderes. Es soll doch nicht einfach so eine schnelle, bedeutungslose Nummer werden. Ich möchte erst einmal einen schönen Raum für uns schaffen, in dem wir unsere Lust und die Gefühle füreinander entfalten können. Ich möchte dir die Wertschätzung entgegenbringen, die du verdienst.«

In mir entfaltet sich langsam Unbehagen. Er will ein bisschen zu sehr erzwingen, dass es auch ja schön für mich ist. Mal wieder muss ich an den heißen Belgier denken, und wie wir einmal im Museum Brandhorst übereinander hergefallen sind. Hätte er damals erst einen schönen Raum mit Wertschätzung und großen Gefühlen für uns geschaffen, hätte uns die Museumsaufsicht ertappt und es hätte dieses wunderbar verbotene »Get together« in der eindrucksvollen Cy-Twombly-Kulisse niemals gegeben.

»Sag mir, was dir gefällt, damit ich dich verwöhnen kann.«

»Also, ich finde es besonders schön, wenn du dabei nicht so viel sprichst«, sage ich ehrlich.

»Dann komm mal mit!« Wir gehen ins Haus und auf direktem Wege ins Schlafzimmer. Dort öffnet er die Schublade seines Nachttischs und kramt etwas hervor.

»Was ist das denn? Ein Nussknacker?« Verständnislos blicke ich auf ein undefinierbares, hölzernes Ding. Will er mir jetzt etwa seine selbst gemachten Schnitzereien zeigen?

»Das ist ein Holzvibrator«, sagt er stolz. »Fair gehandelt und nachhaltig produziert. Aus dem Erzgebirge! Du wirst die ganze Nacht Spaß haben.«

Mit diesem Satz ist das letzte Fünkchen Lausitz-Erotik endgültig erloschen. Lachend setze ich mich neben ihn und nehme das Bio-Spielzeug für Erwachsene unter die Lupe. Ich habe die Region Nahe der deutsch-tschechischen Grenze eindeutig unterschätzt. Bisher war sie mir nur für ihren handgefertigten Baumschmuck und die Weihnachtspyramiden bekannt. Kurz halte ich inne, denn erst jetzt kommt mir der Gedanke, dass die Situation für Denis vielleicht gar nicht so lustig ist.

»Sag mal, klappt bei dir etwas nicht mehr so wie früher?«, hake ich vorsichtig nach.

»Da klappt alles ganz prima. Aber ich will doch, dass es etwas ganz Besonderes für dich wird, und dieses Holzspielzeug kann für Frauen ein sehr sinnliches Erlebnis sein.«

Jetzt fange ich erneut an zu lachen, dabei weiß ich gar nicht, was trauriger ist: die Tatsache, dass ich einen unzureichenden Urlaubsflirt in der Lausitz am Start habe, oder die, dass das dafür benötigte Hilfsmittel aus dem Erzgebirge stammt.

»Slow Sex und dieses nachhaltige Toy ist eigentlich etwas ganz, ganz Tolles«, sagt Denis geknickt, und ich bin ratlos. In den vergangenen Monaten habe ich mich auf so viele neue Dinge eingelassen und bin immer wieder an meine Grenzen gestoßen. Ich habe versucht meine Wohnung auszumisten, nur um zu merken, dass ich all meinen Kram und jede schlimme Ecke liebe. Ich habe den Unverpacktladen für mich entdeckt und finde es trotzdem okay, im herkömmlichen Supermarkt einzukaufen. Die

Rosinen-Meditation hat mich zu Tode gelangweilt und der Höhepunkt des Achtsamkeitsseminars war für mich eindeutig der abendliche Pfeffi. Ich wollte mich ungeschminkt und in Jogger pudelwohl fühlen, nur um festzustellen, dass mir ein hübsches Outfit und ein schnelles Tages-Make-up wesentlich mehr Freude bereiten. Ich habe mich eifrig durch die Lockdown-Zeit gebacken und dann einen Freudentanz aufgeführt, als mein Lieblingscafé endlich wieder geöffnet hatte.

Mein Experiment ist beendet. Ich will keinen abschließenden, pseudo-lockeren Slow Sex mit Ansage und handgefertigten Hilfsmitteln, nur weil das gerade im Trend ist. Achtsam und nachhaltig leben ist super, aber bitte nicht auf Krampf. Auf Teufel komm raus alles richtig zu machen und ganz entspannt zu sein ist nämlich verdammt anstrengend. Man muss auf dem Weg zu einer bewussteren Lebensweise nicht alles auf einmal hinkriegen. Dogmen sind fehl am Platz - die Lösung ist ein gesundes Mittelmaß. Das sage ich auch meinem Gärtner. Im Großen und Ganzen teilt er meine Ansicht. Er entschuldigt sich sogar für den »Nussknacker«.

»Ich bin einfach etwas aus der Übung. Immerhin war schon länger keine Frau mehr in meinem Schlafzimmer.«

Wir blicken uns etwas zu lange an, und sein Gesichtsausdruck verändert sich. Er drückt mich sanft in sein Kopfkissen und küsst mich erneut, aber dieses Mal nicht mehr so achtklässlermäßig wie vorher.

»Und? Willst du überhaupt noch?«, fragt er.

Ich schlage vor, dass wir das Erzgebirge in der Schublade lassen und er einfach sein eigenes »Spielzeug« nimmt. Das ist ja schließlich auch bio.

Als der Morgen anbricht, sind wir immer noch wach. Er hat sich echt gut angestellt. Wir lauschen den Vögeln und erzählen uns Geschichten von früher. Kurz bevor ich einschlafe, zieht er mich behutsam an der Hand aus dem Bett.

»Komm mal mit!« Barfuß und todmüde tapsen wir runter in den ersten Stock. Ich traue meinen Augen nicht. Ganz hinten in der Ecke steht tatsächlich das uralte WG-Aquarium. Schon von Weitem sieht das Wasser noch trüber aus als damals. Wir bleiben davor stehen und Denis legt seinen Arm um mich.

»Das ist Black Molly«, stellt er mir seinen schwarzen Spitzmaulkärpfling vor. »Ich hab doch gesagt, dass da Fische drin sind!«

Tipp 1: *Fische kann man am besten in den frühen Morgenstunden beobachten.*

Tipp 2: *Am allerbesten rettet sich die Erde frisch geduscht und mit einem anständigen Humor.*

»BERLINS SPITZESTE ZUNGE« ÜBER ORIENTIERUNGSLOSE GROSSSTÄDTER

Janine Wagner
Männer mit Dutt und andere Verhütungsmittel
144 Seiten, brosch.
Buch 12,- € | ISBN Buch 978-3-359-01162-0
E-Book 8,99 € | ISBN E-Book 978-3-359-50086-5

Leiden Sie an Schleudertrauma durch Kopfschütteln? Denken Sie manchmal daran, lieber eine Kettensäge zu umarmen? Oder warum Sie damals im Sandkasten nicht einfach sitzen geblieben sind? Und wann wird endlich ein Navi für Handtaschen erfunden? Da hilft nur noch Humor!

www.eulenspiegel.com

Eulenspiegel Verlag – eine Marke der
Eulenspiegel Verlagsgruppe Buchverlage

ISBN 978-3-359-01394-5

1. Auflage 2020
© Eulenspiegel Verlagsgruppe Buchverlage GmbH, Berlin
Alle Rechte der Verbreitung vorbehalten. Ohne ausdrückli-
che Genehmigung des Verlages ist es nicht gestattet, dieses
Werk oder Teile daraus auf fotomechanischem Weg zu ver-
vielfältigen oder in Datenbanken aufzunehmen.

Umschlaggestaltung: Buchgut Berlin,
unter Verwendung von Fotos der Autorin von
Emanuel A. Klempa und eines Fotos von
tomertu/AdobeStock
Druck und Bindung: buchdruckerei.de, Berlin

www.eulenspiegel.com